KB135379

한·중 화행표현
대조연구

- 칭찬어를 중심으로 -

* 본서는 2007 경희대 교내 학술대회 발표문인 「한국어 교육을 위한 칭찬 화행 표현 문형 연구 -칭찬 표현 문형 추출을 목적으로-」(노미경·박애양, 『한국언어문화연구』1권2호)과 2009 경희대 석사학위논문인 「한·중 칭찬화행 대조 연구 - 칭찬어를 중심으로」를 기초로 하여 수정 보충하였음을 밝힙니다.

한·중 화행표현 대조연구

− 칭찬어를 중심으로 −

박애양 지음

지금까지 칭찬 화행에 대한 연구는 칭찬응답어를 중심으로 활발하게 진행되어 왔다. 칭찬어에 대한 연구는 칭찬어의 유형분류와 주제 분석 등과 같은 1차적인 분석과 문장 구조 안에서의 어휘특징, 화·청자변인, 칭찬 선호 주제 등 칭찬 화행에 대한 화용적 분석이 시험적으로 진행되었다. 한국 사회에서 칭찬의 상대가 누구인가 하는 것과 그 상대에게 어떻게 칭찬할 것인가 하는 것이 칭찬화행의 가장 큰 화용적 제약으로 작용한다. 따라서 이들에 대한 연구가 더 다양하게 이루어져야 할 것이다.

칭찬 화행에서 사용하는 칭찬어는 의사소통상황에서 이루어지는 대화의 한 단위로 담화차원에서의 분석이 필요하다. 따라서 본 연구는 연구목적을 한국어 칭찬 화행에서 칭찬어의 문장 구조와 표현문형, 의미자질들을 파악하여 그 결과를 한국어 교수·학습 현장에 제시하는 데 두고 칭찬 화행연구에서 지금까지 접근하지 않았던 칭찬어의 구조분석과 의미 분석에 대한 연구를 동시에 진행하고 도출된 자료들을 근거로 화용적 분석을 실험적으로 실시하였다. 또 본서는 대조분석의 기초 아래 진행되었기 때문에 한국 칭찬어와 중국 칭찬어를 대등한 위치에 놓고 한국어에 중국어 칭찬어를 대조하는 형식으로 이루어졌다.

한·중 칭찬어 대조의 결과로 문장 성분 분석에서는 주어 성분의 사용에서 큰 차이를 보였다. 유형 분석에서는 한·중 칭찬어 표현문형이 의사소통 상황에서 여러 가지 기능으로 사용되고 있었다. 표현문형 추출을 위한 분석을 통해 한·중 칭찬어가 문형화의 특징을 보이고 있음이 확인 되었다. 의미자질에 대한 분석에서 한·중 칭찬어는 역시 각각 사회적 변인에 대한 영향을 가장 많이 받는 것으로 나타났다.

본 연구는 한국어를 배우는 중국어 학습자를 중심대상으로 그들이 한국어 칭찬 화행을 학습하는 데 있어 우선적으로 파악해야 할 한국어 칭찬어의 전반적인 분석을 시도하였다는 데 의미가 있으며, 한·중 칭찬 화행 연구에서 새로운 시도인 문장 구조 분석과 표현문형추출, 유형분류 및 의미자질 분석 등을 통한 대조분석으로 중국인 학습자들에게 보다 효과적인 학습 자료를 제공하였다는 데 의미를 둘 수 있다.

목차

표 차례

제1장

서 론

대인관계에서 칭찬은 정보 전달의 기능보다 평가와 유대감 형성 기능을 주로 한다. 칭찬은 화자가 칭찬 대상이나 대상물에 대해 긍정적인 평가나 호감의 표시를 나타내는 것으로 평가 기능을 수행한다. 그리고 칭찬 행위를 통해 칭찬 대상의 좋은 점을 표현하거나 친근감과 호의를 보임으로써 대인 관계를 강화하는 유대 기능을 겸한다. 칭찬을 적절하게 사용했을 때는 대인관계의 친근감과 호의의 표시로 유대감을 형성하는 데 윤활유적인 역할을 하지만 적절하게 사용하지 못했을 경우에는 청자의 오해를 일으키고 심지어는 의사소통에 장애를 일으키는 등의 부정적인 결과를 초래하기도 한다.

한국어의 화행은 상황 의존성이 강해1) 상황에 따른 적절한 화행의 선택이 매우 중요하다. 화자가 '칭찬'의 목적으로 한 발화라 할지라도 의사소통 상황에서 오해가 생길 경우에는 칭찬의 의미가 왜곡될 우려가 있기 때문이다. 또 칭찬할 때에는 무엇을 칭찬할 것인가를 선별하는 것이 필요하다. 또 지나친 칭찬은 오히려 듣는 사람을 불편하게 할 수 있으므로 주의해야 할 부분이 된다. 대화 상황을 잘

---

1) 구현정(2001)은 한국어는 상황적 문맥에 많이 의존하는 문화에 해당되며, 막연한 표현이나 침묵으로써 자신의 입장을 나타내는 경우가 많다고 하였다. 문영인(1999:546)은 이를 '눈치'라는 용어로 설명하였으며 화자가 설명을 하지 않아도 청자가 알아서 듣고 행동하는 언어문화라고 하였다. 구현정, 「대화와 원리를 통한 말하기 교육」, 『외국어로서의 한국어 교육 (구 말)』, 2001, p.310. 재인용

이해하지 못하는 외국인 학습자의 경우 실수할 수 있고 상대방에게 오해를 받을 가능성도 높다. 또 한국 사회는 상하관계가 분명하고 의사소통에서 사회적 관계의 변인이 중요한 작용을 하기 때문에 칭찬 대상에 따라 발화의 내용과 어휘가 달라진다. 따라서 한국어를 학습하는 외국인 학습자에게 상황에 알맞은 칭찬 화행에 대한 명시적 교육이 필요하다. 그러나 의사소통은 일방적인 전달이 아니라 상호작용이므로 학습자뿐만 아니라 학습자를 수용하는 입장에서도 학습자의 문화를 이해하는 것이 매우 중요할 것이다. 본 연구에서 칭찬 화행을 한·중 대조하는 이유도 여기에 있다.

한중 양국은 수 천 년의 역사를 지나오면서 여러 가지 문화적 교류를 통해 많은 공통점을 가지고 있다. 그러나 각기 다른 가치관과 세계관을 가지고 발전해 왔다. 때문에 한·중 양국은 각자 독특한 특징을 가지고 있다. 특히 칭찬 화행은 한·중 양국 사람들의 생활 속에서 배양된 사람들의 가치관을 반영하고 있다. 한·중 문화 간 의사소통에서 칭찬 화행은 칭찬의 상대에 대한 인정과 상대에 대한 관심의 표현이라는 기능을 통해 상대방과의 친밀도를 높이고 관계를 돈독히 할 수 있다. 특별히 칭찬이 가지고 있는 긍정적인 기능으로 보다 효과적인 의사소통이 가능할 수 있다. 이러한 점에서 칭찬 화행의 바른 사용에 대한 교육은 매우 필요하다. 그러나 목표어의 칭찬 화행에 대한 연구만으로는 학습자의 학습능력을 향상시키는 데 한계가 있다고 본다. 학습자들의 모국어 칭찬 화행에 대한 연구도 함께 진행하여 쌍방향적 학습이 이루어져야 대조적 차원에서 바른 학습 효과가 나타날 수 있을 것이다. 따라서 본 연구는 한국어 칭찬 화행을 중심으로 중국어 칭찬 화행의 대조 분석을 통해 양국 칭찬 화행의 표현문형과, 사회적 변인에 따른 칭찬표현의 선택, 그리고 문화적 요소에 기인한 칭찬 발화 및 응답의 변화 등을 살펴보고자 한다.

1.1 연구 목적

칭찬은 화자가 칭찬 대상이나 대상물에 대해 긍정적인 평가나 호감의 표시를 나타내는 것으로 평가 기능을 수행한다. 그리고 칭찬 행위를 통해 칭찬 대상의 좋은 점을 표현하거나 친근감과 호의를 보임으로써 대인 관계를 강화하는 유대 기능을 겸한다. 따라서 칭찬을 적절하게 사용했을 때는 대인관계의 친근감과 호의의 표시로 유대감을 형성하는 윤활유와 같은 역할을 하지만 적절하게 사용하지 못했을 경우에는 외면이나 빈정거림, 창피주기, 혹은 모욕 등 더 부정적인 결과를 초래하기도 한다. 특히 한국어의 화행은 맥락의존성이 강해 상황에 따른 화행의 선택이 필요한데 '칭찬'이란 의사소통의 상황에서 오해가 생길 경우에는 오히려 상대에게 부정적인 느낌을 줄 수 있고 심하면 대화가 계속 진행 될 수 없게 된다.

한국어를 학습하는 외국인 학습자에게 상황에 알맞은 적절한 칭찬 화행에 대한 교육은 꼭 필요하다고 할 수 있다. 이에 본 연구는 중국인 한국어 학습자의 칭찬 화행 학습을 돕기 위해 한국어 칭찬 화행에서 자주 사용되는 표현문형들을 찾아내어 사회변인에 따라 의미자질을 분석하고 분석한 결과를 학습자에게 제공하여 적절하고 바른 칭찬 화행을 수행할 수 있도록 돕는 데 그 목적을 둔다. 그러나 본서가 대조분석으로 한국의 경우와 중국의 경우를 함께 살펴보려는 이유는 동일한 형식의 칭찬 화행이 모국어와 목표어의 상황에 따라 다르게 나타날 수 있기 때문이다. 한·중 칭찬 화행의 대조분석을 통해서 학습자들은 칭찬어의 문장 구조와 어휘 특징, 표현문형 및 상황에 따른 화행의미 등에 대해 좀 더 구체적인 차이를 학습할 수 있을 것이다.

1.2 연구 방법

본 연구는 한·중 칭찬 화행 연구의 첫 단계로서 선행연구의 결과를 살펴본 후 한·중 드라마 자료 분석을 통해 한국어와 중국어에서 자주 사용되는 기본적인 칭찬 표현들을 찾아내어 분석의 기본 자료로 삼을 것이다. 또한 DCT(담화 완성형 질문지)[2] 자료 분석을 병행할 것이다. 연구의 중점은 한·중 칭찬 화행의 문형표현 추출과 칭찬 화행 문화대조에 있으며, 문형 추출 시 사회적 변인을 고려하여 의미자질을 나눌 것이다. 이때 사회적 변인은 친밀도, 나이, 지위, 성별 등으로 나눌 것이다. 일반적으로 나이와 지위는 비례관계에 있기 쉽다. 그러나 현대 사회에서는 꼭 그런 것은 아니다. 특히 한·중 대조에서 나이와 지위를 따로 구별한 것은 중국문화에서 나이가 중요한 사회적 변인이 되지는 않지만 한국 문화에서는 나이에 대한 고려는 화행의 공손성을 결정하는 중요한 변인이 되기 때문이다. 이러한 연구를 바탕으로 추출된 실제적인 칭찬 표현문형은 학습자들이 적

---

2) DCT(discourse completion test). 설문조사를 실시할 때 빈칸을 주고 피설문자가 어떤 상황에서 어떻게 말하는지에 대해 기록하게 하는 것으로 동일주제의 대량분석에 비교적 효과적으로 이용되고 있다.

절하고 바른 칭찬 화행을 수행하는 데 도움을 줄 것이고 칭찬문화 대조를 통해 문화 간 의사소통에 도움을 줄 수 있을 것으로 본다.

1.3 연구 범위

지금까지 이루어진 칭찬연구에서는 일 대 일, 일 대 다수, 면전 칭찬, 부재 칭찬 등 매우 다양한 대상과 환경에서의 칭찬을 연구해 왔다. 이러한 연구가 연구대상의 폭을 넓힌 것에는 긍정적인 면이 있지만 세밀한 관찰에는 다소 부족한 부분이 있었다. 따라서 본 연구에서는 연구의 범위를 좀 더 세밀화하여 다음과 같이 제한하도록 한다.

하나, 표현문형 추출을 위해서 면대면 상황에서 이루어지는 화·청자 간의 직접적인 칭찬 화행만을 대상으로 한다.3) 따라서 간접칭찬의 경우나 질문에 대답 형식으로 하는 칭찬, 자기 자신을 칭찬하는 경우, 현장에 없는 제 3자를 칭찬하는 경우, 대화가 아닌 전화 문자나 편지형식의 칭찬은 제외한다.

둘, 농담이나 풍자의 양태로 표현되는 칭찬의 경우는 특별한 상황이 전제되어야만 이해 가능하므로 여기에서는 제외한다.

셋, 분석 자료는 주로 현대 젊은 남녀를 중심으로 주인공과 그들의 주변 사람들에게 일어나는 일상적인 이야기를 그려낸 대표적인 드라마를 골랐다.4) 드라마의 성격상 출연자의 연령은 10대부터 70

---

3) 간접적인 표현이라도 그 의미를 관용적으로 칭찬 화행에서 사용할 경우는 분석 자료로 포함시켰다.

4) 분석 자료로 준 구어자료인 드라마 대본을 살펴보는 이유는 칭찬 화행이 어떤 맥락에서 일어나는지를 정확하게 살펴볼 수 있기 때문이다. 화행연구는 청자와 화자가 어떤 맥락에서 어떻게 대화를 이끌어 가는가를 살피는 것이 매우 중요하다. 본 연구에 사용된 자료들은 드라마 대본

대까지 매우 폭이 넓다. 이는 사회적인 변인 가운데 하나인 나이의 차이가 칭찬 화행에 어느 정도 영향을 줄 수 있다는 전제 아래 다양한 칭찬 화행을 관찰하기 위함이다.

한국자료는 <온에어(2008)>,[5] <슬픔이여 안녕(2007)>, <올드미스 다이어리(2004)>, <반올림(2006)>이고, 중국자료로는 <梦里花开(상하이 러브스토리)(2003)>, <白领公寓(아파트)(2002)>, <換換愛(환환애)(2007)>, <18岁的天空(18세의 하늘)(2003)>이다. 편수를 모두 합하면 8편이다. 또 자료 분석의 필요에 따라 한국 학생들과 중국 학생들[6]에게 DCT 설문조사를 하였으며 분석 자료의 공정성을 위해 추출한 칭찬 화행 대화지문에서 한국어 자료부분을 한국인 10명에게 보여주고 칭찬 화행 여부를 체크하도록 하였다. 중국어 자료의 경우 중국인 남녀학우 5인[7]에게 중국어 분석자료 대화지문에서 칭찬 화행의 여부를 가리도록 하였고, 이들의 분석결과를 다시 여러 한국인 중국어 전공자들과 토론하면서 확인하였다.

을 바탕으로 드라마를 직접 보면서 화청자의 화행을 살폈으며 논의 여지가 있는 대화지문은 제외하였다.

5) 한국과 중국 드라마의 편수 당 방영 시간이 달라 전체시간을 맞추는 것으로 하였다. 한국자료 <온에어>60분×16회분 (960분), <슬픔이여 안녕>60분×16회분 (960분), <올드미스 다이어리>30분×26회 (780분), <반올림>50분×14회분 (700분)으로 한국 드라마 자료 전체 3400분이고, 중국 자료로는 <梦里花开>50분×20회분(1000분), <白领公寓>50분×21회분 (1050분), <換換愛>60분×10회분 (600분), <18岁的天空>50분×15회분 (750분)으로 중국 드라마 자료 전체 3400분 등이다. 한·중 드라마의 내용상의 특징에 따라 연예인 관련 드라마, 청소년 드라마, 가족 드라마 등으로 한·중 드라마가 서로 대응되는 작품들로 골랐다. 중국 드라마 제목의 한국식 번역은 중화TV의 한국어 번역을 따랐다. 드라마 자료의 출처는 한국의 경우 방송국에서 제공하는 드라마 다시보기의 대본 제공 부분과, 중국의 경우 중화TV의 드라마 대본 제공을 이용하였다. 이후 예문에서는 약식으로 표기한다. 앞은 드라마 제목이고 뒤의 숫자는 드라마 방영 회수이다. 예) (온1), (슬1), (올1), (반1), (상1), (아1), (환1), (십1)

6) 설문지에 응답한 학생들은 한국인 중국어학과 학생 30명(안양에 위치한 S대), 중국인 한국어학과 학생 30명(수원에 위치한 K대) 등으로 구성되었다.

7) 이 학생들은 한국에 2년 이상 거주한 중국인으로 현재 K대학 한국어학과 대학원(3인) 및 학부(2인) 학생들이다.

제2장

이론적 배경 및 선행 논의

2.1 이론적 배경

화행은 화용론 연구의 주요 과제로 화행(speech acts)은 1960년대 Austin, Searle 등 영국 언어 철학자들로부터 시작되었다. 이들은 인간이 언어를 사용하는 것은 어떤 행위를 수행하기 위함으로 인간 의사소통의 기본 단위가 문법이나 개별 어휘가 아닌 언어 행위, 즉 진술하고 요청하고 사과하고 감사하는 등 어떤 발화 행위를 수행하는 것으로 보았다. 특히 오스틴(1962)은 '어떤 것을 말함'은 '발화 행위'의 수행, 즉 말하는 것을 하나의 행위로 간주했다.[8] 그는 언어의 모든 표현을 하나의 행위로 보아야 한다는 결론 하에 각각의 발화문에서 '발화행위/언표적행위(locutionary act)', '발화수반행위/언표내적행위(illocutionary act)', '발화효과행위/언향적행위(perlocutionary act)'를 구분하였는데 '발화행위'는 의미를 가지고 있는 발화 자체로 인간이 무엇인가를 말하는 행위를 말한다. '발화수반행위'는 관습적인 힘에 의해 표현력을 갖는 발화로 그 발화를 통해 어떤 행동이 일어남을 의

---

8) 오스틴은 발화문에서 수행동사에 주목하고 일반적인 사실에 대한 진술과 발화를 통해 어떤 행동이 이루어지는 문장이 구별되어야 한다고 판단하고 진술문과 수행문이라는 용어를 만들어 두 문장의 차이에 대해 설명하였다. 또 더 나아가 진술문도 수행문처럼 어떤 행위를 수행시킬 수 있다는 점을 인식하고 언어의 모든 표현을 하나의 행위로 보아야 한다고 결론짓는다. J.L. Austin 지음/김영진 옮김, 『말과 행위』, 서울: 서광사. 1992. p.124. 참고

미한다. '발화효과행위'는 발화로 인해 청자에게 어떤 영향력을 끼치는 행위를 의미한다. 이를 정리하면 발화행위를 통하여 발화의 내용이 실행되는 발화수반행위가 일어나고 그 결과 어떠한 효과가 나타나는데 이를 발화효과행위라고 한다.[9] 오스틴은 이 전체 과정을 'the total speech-act(총체적 화행)'[10]라는 말로 정리하였는데 이는 화행이 여기에 속한 일련의 행위를 말하는 것이라 하겠다.

Searle(1969)은 오스틴 이론에서 한걸음 더 나아가 화행이 제대로 이루어 질 수 있는 적정 조건(felicity conditions)으로 제시한 네 가지 화행조건[11]에 의거하여 '발화수반행위'를 다음의 5가지로 세분화시켰다.[12]

① 단언행위(Assertive)[13]: 주장, 가정, 예견, 자랑, 결정 등 화자의 진술이 어떤 사실에 대한 상황을 표현하는 것이다.
② 지시행위(Directive): 명령, 요청, 초대, 호소 등과 같이 진술의 내용이 청자에게 어떤 행동을 하도록 유도한다.

---

9) 예를 들어 칭찬 화행에서 화자가 "오늘 예쁘다"는 문장을 발화하였다. 이것은 발화행위에 해당한다. 화자는 상대의 좋은 점을 발견하고 그것에 말함으로써 칭찬 행위가 이루어졌다. 발화수반행위가 일어난 것이다. 화자의 칭찬발화를 통해 상대방에 대한 호감이 전달되는 행위가 일어났으며 칭찬행위를 통해 청자는 기분이 좋아져서 상대에게 감사하거나 혹은 거절할 수 있다. 이 것이 발화효과행위이다.

10) 위의 책 p.141. 이 책의 역자 김영진은 오스틴의 'the total speech-act'와 일련의 발화행위를 도식화하여 독자의 이해를 도왔다.

11) 화행에서의 적정 조건은 발화를 통해 화자의 의도가 청자에게 전달되고 이해되는 기본 조건을 말한다. 서얼(1969)은 오스틴의 화행 적정 조건을 ① propositional content condition ② preparatory condition ③ sincerity condition ④ essential condition 등 4가지로 세분했는데 Yule(1996)은 적정 조건을 ① general conditions ② content condition ③ preparatory conditions ④ sincerity conditions ⑤ essential condition 등 5가지로 더 나누었다. George yule 서재석 외 역, 『화용론』, 서울: 박이정, 2001. pp.76-77.

12) 塞尔(Searle, J, R.)著 张绍杰 导读, 『Expression and Meaning:Studies in the Theory of Speech Acts 表述和意义:言语行为研究』, 北京, 外语教学与研究出版社, 2001. pp.1-29.

13) Searle은 1979년 발표한 책 서두에서 "Representation(서술)"보다 "Assertives(단언)"를 더 선호한다고 밝혔다. 위의 책 P.F38.

③ 언약행위(Commissive): 약속, 제안, 위협, 협박, 거절, 맹세, 자 원 등과 같이 화자의 진술이 어떤 사실에 대한 기술이나 미래 의 행동에 대한 의무를 표현한다.
④ 감정표출행위(Expressive): 사과, 칭찬, 축하, 한탄, 후회처럼 화자 의 자신의 감정이나 심리적 상태를 표현하려는 발화를 말한다.
⑤ 선언행위(Declarative): 규범적 구속력이 있는 어떠한 말이나 표 현에 의해서 세상이 즉시 바뀌게 되는 발화를 말하며 성혼선 언, 언도, 임명, 해고, 전쟁선포, 세례 등이 여기에 속한다.

이들이 중시한 '발화수반행위'의 발화수반력(illocutionary force)은 의사소통에서 화·청자의 대화 기대에 대한 기본적인 사회 언어학 적인 이해력으로 발화수반력이 부족할 경우 원활한 의사소통이 이 루어질 수 없게 된다. 예를 들어 중국어 화자가 한국어 화자에게 "너 무슨 물건을 그렇게 많이 샀니?"라고 했을 때 중국어 화자는 이 말을 청자가 돈이 많은 것을 칭찬하는 화행으로 사용했지만 한국어 화자는 오히려 불필요한 낭비를 했다고 책망하는 말로 들을 수 있 다. 중국문화에서 물질에 대한 칭찬은 칭찬의 주제로 자주 등장하기 때문에 이러한 발화가 칭찬으로 사용되는 것이 전혀 이상한 일이 아 니다. 그러나 절약을 미덕으로 생각하는 한국 사람에게 이러한 발화 는 칭찬으로 작용하지 않게 되어 의사소통에 실패할 수 있다.

Thomas(1983:91)는 발화수반력이 부족하여 의사소통에서 실패하 는 것을 문화 간 화용상의 실패('cross-cultural' pragmatic failure)라고 정의하고 화용상의 실패는 화자의 발화가 포함한 다양한 의미 중에 서 화자가 의도하지 않은 의미를 청자가 선택했을 때 발생한다고 하 였다.[14] 즉 화용상의 실패는 화자가 의도한 것을 청자가 잘못 받아

---

14) Thomas. J.(1983) Cross-cultural Pragmatic Failure. *Applied Linguistics*, Oxford Vol. *4.*

들여 발생하는 것으로 의사소통에서 이러한 화용상의 실패는 대화 상대자 간의 오해를 만들 소지가 많은데 특히 문화 간 의사소통 (cross-cultural communication)에서는 위의 예문처럼 심각한 오해를 야기할 수 있다.[15]

2.1.1 의사소통과 화행

언어 교육에서 의사소통을 중시하고 의사소통 능력 향상을 위한 의사소통 기능을 강조하게 되었는데 이곳에서 말하는 의사소통 기능은 화행과 같은 개념이다.[16] 실제로 화행을 언어교육에 응용 및 적용한 사람들은 사회언어 학자들이라고 할 수 있다. 이들은 외국어 교육의 관심을 언어의 구조에서 의사소통의 의도를 실행하는 언화 행위[17]로 변화하게 한 주도적 인물들이다. 의사소통 능력은 Dell Hymes(1966)가 처음으로 제시한 개념으로 하임즈는 Noam Chomsky (1965)의 언어 능력(competence) 개념이 문법적 지식에는 가능하지만 사회 행위로서의 언어 능력과 맞지 않는다고 지적하고 언어 능력이란 화자와 청자의 문법적 지식(knowledge)뿐만 아니라 실제 의사소통 상황에서도 적절하게 사용할 수 있는 능력(ability)이 포함되어야

---

15) 문장이나 단어의 의미는 실제 발화상황에 따라 매우 유동적일 수 있다. 즉 형식과 명제 내용이 전혀 다른 언어 표현이라도 상황에 따라 동일한 의사소통 기능을 나타낼 수 있는 것이다.

16) 서얼은 "the speech act is the basic unit of communication(화행은 의사소통의 기본단위)"라고 하여 의사소통의 기본 단위가 단어나 문장이 아니라 화자가 발화함으로써 수행하는 화행이라고 하였다. Searle, J, R.(1969). Speech acts: An essay in the philosophy of language. Cambridge: Cambridge University Press. p.21.

17) 한상헌은 R. Galisson(1976:16)에 기대어 언화행위(actes de parole)를 정의하였다. "actes de parole는 language의 논리 의미론적 잠재성을 활용할 뿐만 아니라 상황적 묵시성과 담화의 진정한 전략이 개입되는 행위이며, 언어외적인 사회적 기능과도 관련된다." 한상헌(1995), 「고등학교 프랑스어 교수/학습을 위한 언화행위(의사소통기능)목록 작성에 관한 연구(1)」, 『불어불문학연구』 31권 2호, 한국불어불문학회, p.933.

한다고 주장했다.[18] 하임즈의 의사소통 능력(communicative competence) 개념은 Canale과 Swain(1980)에서 보다 체계적으로 정리되었다. 케널과 스웨인은 의사소통 능력이 문법적 능력, 사회 문화적 능력, 담화 능력, 전략적 능력으로 구성된다고 하였다. 문법적 능력은 촘스키의 언어 능력과 비슷한 의미로 문법의 규칙을 이해하고 바르게 사용할 수 있는 어휘와 문법에 관한 능력을 말한다. 사회 문화적 능력은 언어가 사용되는 사회적 상황을 이해할 수 있는 능력으로 화·청자 간의 관계, 언어가 사용되는 상황 등 사회적 맥락에 맞게 언어를 사용하는 능력을 말한다. 담화능력은 개별적으로 독립된 문장이 아닌, 연결된 여러 문장의 의미를 이해하는 능력으로 담화 상황에서 요구되는 전체적 이해 능력을 말한다. 전략적 능력은 의사소통을 보다 효율적으로 진행할 수 있는 능력, 즉 의사소통 상황을 지속하기 위하여 여러 가지 책략을 쓸 줄 아는 능력으로 비언어적 의사소통을 포함한다.[19] 이상의 내용을 정리하면 의사소통은 언어 맥락과 사회적인 상황 속에서 화자에 의해, 화자의 의도와 목적을 위해 수행되는 화행이라 하겠다.

---

18) 커넬과 스웨인(1980:29-30)은 의사소통 능력을 크게 문법적 능력, 전략적 능력, 그리고 사회언어학적 능력으로 분류하고 후에 Canale(1983a:5)은 담화능력을 사회언어학적 능력에서 분리시켜 4가지로 확정하고 의사소통 능력이 의사소통에 필요한 지식과 기술의 바탕이 되므로 이 4가지 능력을 향상시킴으로써 의사소통 능력이 배양된다는 자신의 생각을 분명히 하였다. Canale, M., & Swain, M.(1980) Theortical bases of communicative approaches to second langua teaching and testing. Applied Linguistics.; Canale, M.(1983a). From communicative competence to communicative language pedagogy. In J. C. Richards & R. W. Schmidt (Eds.), Language and communication London, Longman.; Canale, M.(1983b) On some dimensions of language proficiency. Issues in Language Testing Research. 333-342.

19) Canale & Swain (1980;29-30)

2.1.2 체면과 칭찬

사회언어학에서는 상호 작용을 특히 중시하는데 주요 학자의 이론을 살펴보면 다음과 같다. Goffman Erving (1967:5)는 '체면(face)'을 누구나 자기 자신을 위해 얻고자 하는 긍정적인 사회적 가치[20]라고 하면서 상호 작용에서 '체면'을 중시하였다.

고프먼의 '체면' 이론을 보다 체계화 했다는 평가를 받는 Brown & Levinson(1987:61)의 '공손(Politeness)' 이론은 사람마다 체면이 있으며 이 체면은 성인 화자 누구나 자기 자신을 위해 얻고자 하는 '공식적인 자신의 이미지'로 부정적 체면(negative face)과 긍정적 체면(positive face)으로 구성되며 상호 작용에서 화자와 청자의 체면 유지를 목적으로 의사소통이 이루어진다고 하였다.[21] 의사소통 과정에서 대화 당사자는 기본적으로 서로의 체면을 손상시키지 않으려는 노력의 일환으로 전략적 접근을 하게 되는데 칭찬은 상대에게 자신의 가치를 인정받고 싶어 하는 청자의 긍정적 체면 욕구를 충족시킨다는 면에서 긍정적 공손(positive politeness)에 해당한다고 하겠다.

Yule(1996:91)은 '체면'은 한 인간의 공적인 자아상이며 공손함은 상호작용 속에서 타인의 체면을 인정하고 있다는 것을 보여주는 데 사용되는 수단이라고 하였다.[22]

언어의 주된 목적 가운데 하나가 바로 상호작용이며 언어가 대부

---

20) 고프만 어빙(1967:5)은 '체면'을 "the positive social value a person effectively claims for himself by the line others assume he has taken during a particular contact"라고 정의하였다. Goffman, Erving.(1967). Interaction ritual: Essays on face-to-face behavior. New York: Pantheon Books. p.5

21) 브라운과 레빈슨은 '체면'을 "the public self-miage that every member wants to claim for himself"라고 정의하였다. Brown, P., & Levinson, S.(1987). Politeness: Some universals in language usage. Cambridge: Cambridge University Press. pp.60-61

22) George yule 서재석 박현주 정대성 역(2001), 『Pragmatics 화용론』, 서울, 박이정, p.91.

분 일상생활에서 사회적 관계를 형성하고 유지하는 상호작용적 언어(interactional language)로 사용된다[23]고 할 때 상호작용 과정에서 중요한 역할을 하는 언어 예의에 대한 고려는 반드시 필요한 개념이라고 하겠다. Lakoff(1973)는 구두적 상호작용 과정에서 고려해야할 중요한 개념인 '예의'를 모든 인간의 교류와 상호작용 과정에 존재하는 갈등과 충돌의 가능성을 최소함으로써 개인 간의 교류와 상호작용이 용이하도록 고안된 대인 관계상의 체계라 설명하고 화용적 언어사용능력으로 '명료하라(Be clear)', '예의를 지켜라(Be polite)'라는 두 가지 규칙을 제시하였다. 그런데 만약 대화 참여자의 발화 목적이 대인 관계를 강화시키고 재확인하는 것이라면 명료함보다 예의바름이 우선한다고 지적하면서 예의 규칙(rules of politeness)을 제안했다. 하나는 'Don't impose(강요하지 말라)', 두 번째는 'Give options(선택권을 주라)', 세 번째는 'Make A feel good-be friendly(기분 좋게 하고 친절하라)'. 또 이 각각의 규칙은 거리감(distance), 예우(deference), 동지애(camaraderie)라는 의사소통적 스타일(communicative style)로 나타난다고 하면서 대화 참석자들이 어떤 전략을 어느 정도로 사용할 것인지는 그가 처한 상황의 인식 정도와 대인 관계상의 힘의 역학 관점에서 상대와의 관계성을 고려하여 결정한다고 하였다.[24] 이러한 내용을 정리하면 의사소통 상황에서 진행되는 칭찬 화행은 대화 상대자를 존중하며 상대방의 체면을 유지시키며 대화 상대자를 기분 좋게 하는 화용적 기능을 한다.

---

23) 송경숙(2003), 『담화화용론』, 서울, 한국문화사, p.123.

24) 위의 책 송경숙(2003:123-127)에서 인용.

2.1.3 칭찬의 정의

동서양의 칭찬에 대한 정의에 차이가 있는지 살펴보기 위해 영어권과 일본, 중국, 한국의 칭찬에 대한 정의를 차례로 제시하면 다음과 같다. 우선 영어의 경우를 보면, Manes & Wolfson(1981)은 칭찬을 '화자가 다른 사람(상대방)에 대해 무엇인가 좋은 것을 말하는 호의적인 판단이나 의견25)으로 보았다.

Janet Holmes(1988b:446)는 칭찬은 일반적으로 화자 이외의 그 누군가에게 화자와 청자가 긍정적으로 평가하는 어떤 '좋은 점'(소유물, 성격, 솜씨 등)에 대해서 명시적 혹은 암시적으로 인정하는 언어 행위26)라고 하였다. 즉 상대방에 대한 우호적인 감정의 전달이며 상대방이나 상대방이 소유한 그 무엇에 대해 긍정적인 평가를 하는 발화 행위라고 정의할 수 있다.

일본의 칭찬 화행 연구에서 칭찬에 대한 정의는 다음과 같다.

小玉 安惠(1993)은 '칭찬하다'라는 언어행위는 화자나 청자나 청자의 가족이나 그와 비슷한 관계에 있는 사람에 대해 청자를 기분 좋게 하는 것을 전제로, 명시적으로 혹은 암시적으로 긍정적인 평가를 하는 행위이다27)라고 하여 칭찬을 가까운 사람을 기쁘게 하는 긍

---

25) "What is a person doing when he offer a compliment? The immediate answer is that he is that he is stating a favorable judgement or opinion, saying something nice to another individual." Manes, J. & Wolfson, N.(1981), The compliment formula, In F. Coulmas (Ed.), Conversational Routine: Explorations in Standardized Communication Situations and Prepatterned Speech. 115-132. The Hague, the Netherlands: Mouton Publishers.

26) "A compliment is a speech act which explicitly or implicitly attributes credit to someone other than the speaker, usually the person addressed, for some 'good'(possession, characteristic, skill, etc) which is positively valued by the speaker and the hearer." Holmes, J. (1988). Paying compliments: A sex-preferential positive politeness strategy. Journal of Pragmatics. 12, p.446.

27) 小玉 安惠(1993). 「ほめ言葉にみる日米の社会文化的価値観 : 外見のトピックを中心に」, 言語文化と日本語教育. 김명지, 「칭찬 및 칭찬 응답에 관한 한·일 대조 고찰」 한국 외국어대학교

정적인 평가라고 정의하였다.

坂本 惠, 蒲谷 宏, 川口 義一(1996)는 칭찬을 실질적 칭찬과 형식적 칭찬으로 분류해서 정의하였는데, 실질적 칭찬을 상대에 관한 것을 진심으로 좋게 말하고 그 기분을 상대에게 전달하기 위해 마음 속 깊이 우러나는 높은 평가를 표현하는 것이라 정의하였다. 형식적인 칭찬은 상대방과의 대화를 계속적으로 발전시키고 싶거나 어떤 부탁을 하고 싶을 때 또는 말하기 어려운 것이나 비판 등을 할 때 상대와의 적극적이고 호의적인 관계를 먼저 나타내기 위해 표현하는 칭찬이라고 정의하였다.[28] 이들은 칭찬의 범주를 확대하여 언어 기능의 외연이 넓은 의미로 칭찬을 정의했다.

중국의 경우 高志懷·李娟(2004)은 칭찬은 좋은 감정을 전하는 것으로 칭찬어는 사람들이 사람이나 사물에 대해 찬미, 감상, 감탄 등의 감정을 나타내는 말[29]이라고 정의하였다. 郭愛先(1996)은 칭찬을 상대방의 인품과 능력, 업무능력, 외모와 옷차림, 좋은 물건 등을 높이는 말[30]로 정의하였다. 일본에서의 칭찬에 대한 정의가 청자를 기쁘게 해주는 기능에 주의했다면 중국에서의 칭찬에 대한 정의는 화자의 입장에서 상대에 대한 화자 자신의 어떠한 느낌을 표현하는 것으로 정의했다.

한국의 경우 김형민(2003:260)은 칭찬이란 화자나 청자가 속한 공

대학원 석사학위논문, 2005. p.16에서 재인용.

28) 坂本 惠, 蒲谷 宏, 川口 義一(1996).「待遇表現」としての「不満表現」について, 国語学研究と資料, 20, 29-38. 김명지 위의 논문 상동.

29) "称赞是美好感情的传递。称赞语是人们对人或物表示赞美、欣赏、钦佩等感情的话语。" 高志怀·李娟,「称赞语的语用研究」,『河北师范大学学报』第1期, 2004, p.109

30) "称赞是对相关人的优秀品质、杰出能力、出色的工作、端庄大方的仪表、漂亮的依饰、美好的器物等的赞许和褒奖。"郭爱先,「美国英语称赞的话题与对象」,『镇江师专学报』, 第3期, 1996, p.56.

동체의 구성원들에게 힘과 용기를 불어넣어주기 위해 청자나 제 3
자와 관련된 행위, 대상, 성취, 물건, 취향이나 질에 대해 높게 평가
하고 인정함으로써 행해지는 언향적 화행이라고 정의하였다.

국어사전의 정의를 보면 '칭찬(稱讚)'은 좋은 점이나 착하고 훌륭
한 일을 높이 평가함으로 나타나 있고 '칭찬하다'는 잘난 사람 혹은
좋은 일이나 사실 등에 대하여 매우 좋고 훌륭하게 여기는 것을 말
로 나타낸다.

위의 정의들을 정리하면 칭찬은 언어 보편적 현상으로 상대에 대
한 긍정적인 평가라는 공통성을 가진다. 그런데 이 긍정적인 평가는
외모나 소유물처럼 단편적인 평가일 수도 있고, 인격과 태도, 혹은
지혜나 능력처럼 상대가 전반적으로 갖춘 자질에 대한 평가일 수도
있다.

따라서 본 연구는 칭찬을 청자의 어떤 것에 대해 화자가 긍정적이
고 호의인 평가를 나타내는 것이라고 정의한다.

2.1.4 칭찬의 기능

Olshtain & Cohen(1991:158)은 칭찬의 기능은 자신의 감정적 반
응을 기술하는 '호의적인 비평' 기능과 상대를 평가하는 '칭찬' 기능
을 둘 다 겸하고 있다고 정의하고 화자는 칭찬화행을 통해 청자에 대
한 관심과 청자에 대한 공손함을 나타낼 수 있는 기회를 갖는다고 하
였다.[31] 高志懷·李娟(2004:109)은 칭찬의 기능을 "칭찬은 사회 교

---

31) "the speech act of complimenting is intrinsically courteous and enables the speaker to make use
of abailable opportunities to express and interest in the hearer" Olshtain, E., & Cohen,
A.(1991), Teaching speech act behavior! to nonnative speakers. In Celce-Murcia, M.(eds.)
Teaching English as a second or foreign language (pp.154-165). Second edition. Bostion,

류자간의 거리감을 줄이고 마음을 연결하며 정상적인 사회관계를 이어준다."[32]고 정의하였다. 전지원(2006:13)의 정리에 따르면 한국어 칭찬 화행에서 칭찬은 화자가 칭찬 대상이나 대상물에 대해 긍정적인 평가나 호감의 표시를 나타내는 것으로 평가 기능을 수행한다. 그리고 칭찬 행위를 통해 칭찬 대상의 좋은 점을 표현하거나 친근감과 호의를 보임으로써 대인 관계를 강화하는 유대 기능을 겸한다.

정리하면 칭찬의 기능은 칭찬을 통해 청자에 대한 화자의 생각과 태도 등을 공손하고 호의적으로 나타내고 이를 통해 감정적 유대감을 형성하는 것이라고 할 수 있다. 그런데 칭찬의 기능은 칭찬의 목적으로도 볼 수 있다. 선행연구의 정의에서 나타난 것과 같이 한·중 모두 대부분 평가적인 의미가 강하지만 친교적인 성격도 가지고 있어 친교 목적으로 사용될 때는 나의 주관적인 평가를 나타내기보다는 상대방의 기분을 고려하여 발화하는 경우가 많게 된다. 때문에 칭찬이 상대를 감동시키고 격려하며 기분 좋게 하는 기능을 함께 가지고 있다고 할 수 있다.

2.1.5 칭찬 화행의 특징

Manes & Wolfson(1981:127)에서는 칭찬 화행의 특징을 다음과 같이 소개하고 있다.

칭찬은 감사, 문안이나 작별의 인사 등의 표현과 중요한 여러 가지 점에서 차이가 있다.

Massachusetts: Heinle and Heinle Publishers.

32) "称赞语是人际交往中一种常见的语言行为, 它不仅可以缩短交际者之间的距离, 而且可以联络感情, 维系社会正常的人际关系。"

첫째, 감사나 인사 화행은 분명하게 교육되고 있는데 반해 칭찬 화행은 상대적으로 명시적인 교육이 이루어지고 있지 않다.

둘째, 칭찬 화행은 다른 화행들에 비해 폭넓은 기능을 가지고 있기 때문에 감사나 인사 화행의 일부로 쓰이거나 대체될 수 있으며 주변 언급(framing remarks)의 앞이나 뒤에 자주 출현한다.

셋째, 칭찬 화행이 어떤 상황에서는 강하게 기대되기는 하지만, 상호작용 안에서 어느 특정한 시점에 특별히 요구되어지는 것은 아니다.

넷째, 칭찬 화행을 공식화하는 규칙들의 복잡성이 근본적인 규칙성이나 심지어 단순성까지 모호하게 만든다.[33]

Manes & Wolfson의 연구는 영어 학습자의 칭찬 화행 특징을 언급한 것으로 결국 칭찬 화행은 규칙은 있지만 사용 시점이 정해져 있는 것도 아니고 주변 언급과 함께 사용되는 경우가 많고 기능이 다양해서 학습에 어려움이 있음에도 실제 교육현장에서 명시적 교육이 이루어지지 않고 있다. 이를 한국어 교수학습에서 적용한다면 실제로 모방학습이 어려운 학습자에게 칭찬 화행을 대상과 상황에 따라 적절히 사용할 수 있도록 명시적인 칭찬 화행 학습이 이루어져

---

33) "Compliments differ in a number of important respects from formulas such as greetings, thanks or goodbyes. First, the formulas for these other speech acts are overtly taught, whereas compliments are not. Second, compliments have a much broader function than the other formulas mentioned since they often appear as part of, or even in place of, thanks, greetings and goodbyes. A further reason for the lack of recognition of the formulaic nature of the compliment is the fact that compliments are very often preceded or followed by framing remarks. Also, compliments, although strongly expected in certain cases, are not specifically required at any definite point within an interaction. Finally, the complexity of the rules for formulating compliments obscures their underlying regularity and even simplicity."

야한다는 말이 된다. 그러나 아직까지 한국어 교육현장에서 칭찬 화행에 대한 명시적 교수 학습이 적극적으로 이루어지지 않고 있다.

본 연구의 필요에 따라 실시한 설문조사에서 30명의 중국인 한국어 학습자 가운데 5명의 학습자만이 한국에서 칭찬을 어떻게 하는지에 대한 교육을 받았다고 응답했다. 이미 이들은 2년 이상 한국에 체류하면서 한국어를 학습한 학습자로 어느 정도의 한국어 실력을 갖춘 한국어학과 학부생들이다. 그럼에도 한국어의 칭찬 화행에 대한 지식이 부족하여 바른 칭찬수행에 어려움을 갖고 있었다.[34]

2.1.6 칭찬어의 기준 자질

칭찬 화행을 결정하는 기준 자질은 +[화자], +[생각], +[청자], +[친교], -[부담], +[평가]가 되는데, 예를 들어 "이번에 1등 정말 잘했어."라는 발화가 있으면 이것은 청자의 좋은 성적에 대한 화자 자신의 만족스런 느낌이나 생각을 친교를 목적으로 말하는 것이다. 여기서 화자가 청자에게 '잘했다'고 한 것은 자기 나름대로의 기준에 청자를 맞추어 보는 평가의 과정을 통해 얻게 된 생각이라는 것이다. 그렇기 때문에 평가를 한다고 할 때는 있지 않은 일에 대해서는 평가할 수 없으므로 이 같은 발화는 반드시 과거나 현재의 일에 한해 행해지게 된다. 따라서 발화의 성격이 화자의 느낌이나 생각에 관한 내용으로 청자와의 친교를 목적으로 청자를 평가하는 것이면 그 때의 발화는 '칭찬 화행'이 된다.[35]

---

34) Turner(1995)는 사과하기, 칭찬하기, 감사하기, 체면 차리기, 상호 협조를 통한 대화하기 등은 제2언어 학습자가 습득하기 어려운 기능이라고 했다. H. Douglas Brown, 이흥수 박매란 박주경 이병민 이소영 최연희 공역(2005), 『Principles of language learning and teaching 외국어 학습·교수의 원리』제4판, 서울, 피어슨에듀케이션. p.302.

상황에 따라서는 발화되는 칭찬들 가운데 아직 일어나지 않은 미래에 대한 긍정적인 평가(예측 칭찬)도 있을 수 있다. 예를 들어 "너라면 잘할 수 있어."와 같은 발화는 상대를 믿는다는 격려성 칭찬이 될 수 있기 때문이다.

2.2 선행 연구

2.2.1 한국 칭찬 화행 연구

초창기 한국 칭찬 화행은 주로 한국어와 외국어를 비교하고 대조하는 가운데 이루어졌다. 대조연구로는 김현정(1996), 김경석(1997), 백경숙(1998), 정다운(2002), 김영주(2002), 송영미(2003), 김명지(2005), 신정애(2007), 박애양(2008b) 등이 있고, 한국어 칭찬 화행을 연구한 것으로는 이원표(1996), 김형민(2003), 전지원(2005), 박경옥(2006), 김정아(2007) 등과 중국어 공손화행 연구에서 칭찬 화행을 연구한 강소영(2003)이 있다.

(1) 칭찬 화행 연구 방법

1) 대조연구

가. 한·영 대조연구

김현정(1996)은 영어 모어 화자와 한국어 모어 화자, 한국인 영어 학습자를 대상으로 친밀도, 성별, 지위의 세 가지 사회적 변수를 매

---

35) 김미령, 『의사소통 속의 대응 발화』, 서울, 세종출판사, 2006, p.242.

개로 하여 연구하고 칭찬 화행을 크게 세 가지로 나누어 정형화되고 직접적인 칭찬만을 하는 유형과 정형화되고 직접적인 칭찬과 함께 주변 언급을 표현하는 유형, 그리고 단지 주변 언급만을 표현하는 유형 등 세 가지로 나누었다. 그 중 두 번째 유형을 그 의미적 요소로 분류하여 6가지 하위 유형으로 범주화 시켰다. 이 연구는 칭찬 화행에서 고정적으로 사용되는 표현들과 그렇지 않으면서도 칭찬 화행에서 사용되는 표현들을 함께 살펴보았다는 점에 의의가 있다.

김경석(1997)은 칭찬표현에 있어서 미국, 영국, 남아프리카, 뉴질랜드 영어 화자의 구문적 특징과 응답 유형, 칭찬 소재 등을 대조 분석하였는데 다양한 언어문화와의 대조를 통해 칭찬 화행의 다양성을 살펴보았다는 데 큰 의의가 있다고 본다.

백경숙(1998)은 한국어와 영어의 칭찬 응답 유형 연구를 통해 한·영 칭찬 화행의 기능에 대해 좀 더 구체적으로 분석하였다. 영어에서는 칭찬이 유대기능이 극대화되어 사용되는 반면 한국에서는 평가적 기능이 상대적으로 높고 한국어가 훨씬 다양하고 복잡한 구조로 실현되며 의미상 구체적인 평가 내용을 담고 있다고 하였다. 이 연구는 교차 문화적 관점으로 비교 분석하였다는 점과 분석의 결과가 사회학적으로 어떠한 의의를 갖는지 고찰한 점에 의의가 있다고 본다.

위의 세 연구는 한국어 교육보다 영어 교육을 위한 칭찬 화행 연구였다. 다음 한·중, 한·일 칭찬어 연구에서는 같은 동양권 문화이지만 한국과 중국, 한국과 일본의 칭찬 화행의 구체적인 차이와 비슷한 칭찬행위에 대해 연구되어 한국어 칭찬 화행에 대한 연구가 좀 더 세밀하게 이루어졌다고 할 수 있다.

나. 한·중 대조연구

정다운(2002)의 경우 DCT를 사용하되 먼저 칭찬 적절성을 조사하여 분석 자료의 타당성을 고려했다. 대상은 한국인 화자와 중국어를 배우는 한국어 화자, 한국어를 배우는 중국어 화자, 중국인 화자 이삼십 대 남녀 대학생이다. 이들의 응답을 중심으로 하여 한국어 학습자나 중국어 학습자의 칭찬 화행 중간언어를 살폈다. 또 칭찬의 주제(외모, 소유물, 성취, 행동)와 사회적 변인(지위, 친밀도)에 따라 칭찬의 적절성을 조사하고 나타난 칭찬 화행 양상을 대상에 따라 통계 비교하였다는 점이 매우 의미가 있다고 본다.

박애양(2008b)에서는 DCT 설문조사를 통해 칭찬 화행에서 특별히 의례성 칭찬을 중심으로 한·중 칭찬 화행을 연구했다. 이 연구는 지금까지 한중 칭찬 화행 대조연구에서 이루어지지 않았던 의례성 칭찬을 인사성 칭찬과 아부성 칭찬으로 나누고 이에 대한 한·중 화자의 태도를 분석하고 차이와 비슷한 점을 문화대조적인 관점에서 풀어보려고 하였다는 점에서 의의가 있다. 그러나 설문 응답자의 수에 비해 대상의 범위를 너무 넓게 잡았기 때문에 한·중 화자의 한 연령 집단에서 나타날 수 있는 유형은 분석되지 않았다.

다. 한·일 대조연구

김영주(2002)는 한국어 모어 화자와 일본어 모어 화자를 대상으로 칭찬 화행을 연구하였다. 논문은 한국어의 칭찬 수행은 평가적인 기능이 강한 반면 일본어는 주로 의례적인 언어 행동으로 나타난다고 하였다. 칭찬의 기능에서 일본어는 고충이나 감사를 칭찬으로 대신하며 성격이 자주 언급되어지는 반면, 한국어는 능력이나 행위 중

청자의 사적 영역에 속하는 화제를 소재로 하려는 경향이 있다고 하였다.

송영미(2003)는 DCT 연구를 이용하여 한·일 화자의 칭찬 화행을 연구했는데, 칭찬화제를 외모, 소유물, 능력, 성격, 자녀 등으로 분류하고 사회적 변인과 함께 분석하였다. 분석 결과 한국어 칭찬 화행은 화자가 청자에 대해 친근감과 호의를 나타내는 구체적인 관심 표명의 수단이 되지만 청자가 화자보다 나이나 지위가 높을 경우, 직접적인 칭찬보다는 주변적 언급을 많이 한다고 하였다. 저자는 이 연구를 통해 한·일 두 집단의 문화적 특성에서 기인하는 유사점과 차이점을 고찰한 점과 그리고 사회적 변인에 따른 칭찬 화행의 다양성을 분석해 냈다는 점과 이것을 한국어 교육에 적용하려고 시도했다는 점에서 의미가 있다고 본다. 그러나 논문은 칭찬의 유형 분류에서 기존의 분류방식과 함께 '무언칭찬'을 첨가하여 상대의 사적인 변화를 말없이 칭찬하는 것을 하위 범주에 포함하였다. 그런데 '무언칭찬'의 경우 상대방이 그것을 칭찬으로 인식하기 어렵고, 무엇보다 한국사회에서는 변화된 모습이나 개선된 점을 칭찬을 해서 상대를 격려하는 경우가 더 많기 때문이 '무언칭찬'은 일반적인 칭찬행위로 볼 수 없겠다.

김명지(2005)는 일본어의 관점에서 칭찬 및 칭찬 응답에 관한 한·일 대조 고찰을 시도하였다. 실제 대화와 가장 가깝다고 생각하는 드라마와 영화 시나리오에서 한국어와 일본어 각 250개씩 총 500개의 예문을 분석하여 한국어와 일본어 칭찬 화행이 유형적으로 차이가 있음을 밝혔다. 한국어 칭찬 화행은 부사어를 사용하는 비중이 높아 전형화된 특징을 발견하기 어렵다고 하였다. 칭찬어 연구에서 칭찬유형을 직접 칭찬형과 간접 칭찬형으로 나누고 한국어 칭찬 화행에서 겉치레 표현과 자기비하식 칭찬이 일본어보다 더 많이 나타난다고 보고하였다. 이 자료 분석에서는 사회적 변인(성별, 친소관계, 사회적 지위 등)을 고려하지 않았는데 한국과 일본 모두 사회적 지위가 변인으로서 작용을 많이 하기 때문에 이 점을 고려했으면 더 좋았을 것이라는 아쉬움이 있다.

라. 한·러 대조연구

신정애(2007)는 한국에 와있는 러시아 화자들의 칭찬 화행을 조사하여 러시아 모국어 환경에서의 칭찬발화와 한국어 환경에서 한국어를 배우는 상황에서의 칭찬발화를 설문조사를 통해 조사하고 러시아 한국어 학습화자의 칭찬 화행 중간언어를 연구하였다.

2) 비대조 연구

한국 칭찬 화행 연구로 이원표(1996)는 연구 대상 그룹을 대학생으로 정하고 그들의 칭찬 화행을 살펴보았는데 첫째, 공손의 개념과 칭찬 및 칭찬에 대한 응답의 관계를 논의하고 여러 가지 다양한 칭찬의 방법과 칭찬에 대한 응답의 방법을 조사한 후 공손법 이론에 의해 어떻게 설명되는지 살펴보았다. 둘째, 다른 언어에서의 칭찬 및 칭찬에 대한 반응 방법과 비교하였다. 셋째, 칭찬과 응답에서 존경과 겸양의 표현이 존칭 어미와 겸양 어미에 의해서만은 아니라는 전제 하에 다양한 반응의 방법들이 사회적인 요인들과 어떠한 관계가 있는지와 이를 통해 칭찬의 화행이 존대법과의 어떤 관계를 갖는지 논의하였다. 이 연구 방법은 미·중대학생과의 비교에서 결과론적인 설명만 주었기 때문에 한국 대학생들의 칭찬유형과 실질적인 내용 비교가 어려웠지만 한국 사회의 한 집단을 선택해서 그 집단 간의 화행 모형을 찾았다는 것에 매우 큰 의의가 있다.

김형민(2003)은 DCT를 이용하여 수도권 소재 12개 대학의 남녀 대학생을 대상으로 선정하고 한국 대학생들의 칭찬 화행 발생 상황과 방법에 대한 요인 및 응답 책략을 성별에 따른 차이와 함께 비교 분석하였다. 논문은 칭찬의 방법을 언어적, 비언어적 표현의 세부항목을 비교적 구체적으로 설정 조사하였으며 칭찬이 수행되지 않는 이유에 대한 분석도 함께 하였다. 특별히 수치를 통해 통계적으로 칭찬 화행 수행 상황의 통사적 구조와 칭찬 화행 주제, 상용 언어표현, 남녀 차이 등을 분석하였다. 이러한 연구는 칭찬 화행의 통사적 구조를 분석하고 상황과 관계에 따른 칭찬 발생 여부에 대한 실제적인 조사 분석이 가능했다. 그러나 왜 그러한지에 대한 근본적인 분석은 이루어지지 않았던 점이 아쉽다. 현상에 대한 양적 연구와 함께 칭찬 화행이 칭찬 화행 행위자에 의해 취사선택되는 경로와 이유도 함께 연구된다면 한국어 칭찬 화행의 연구 깊이를 더할 수 있고 아울러 대조분석의 차원에서도 확대연구가 좀 더 긴밀하게 이루어질 수 있을 것이다.

박경옥(2006)은 현재 출판된 한국어 교재와 TV드라마 대본에서 조사된 칭찬의 주제, 방법, 반응별 특징과 차이를 한국어 교재 개발의 측면과 교수학습 측면에서 한국어 교육에서의 적용 방안을 제시했다. 분석 자료로 한국드라마 3편, 한국어 교재 7개 대학의 한국어 회화교재 총 40종의 대화문과 예문 분석하였다. 분석한 자료가 비교적 방대함에도 불구하고 사회적 변인을 다루지 않았기 때문에 교육 방안에 도입하기 다소 어려워 보인다. 또 저자가 칭찬유형으로 범주화 한 '축하' 부분을 칭찬 화행의 하위 범주로 나눌 수 있는지에 대해서 아직 더 논의가 되어야 할 것이다. 그러나 한국어 칭찬 화행 연구 결과를 한국어 교육에 적용하려는 시도는 매우 의미 있는 작업이며 앞으로 한국어 교육을 위해 더 세밀하게 연구 발전되어야 할 부분이라고 생각한다.

이상의 선행연구를 살펴본 결과 초창기 칭찬 화행 연구는 화행이론에 따른 언어학적 연구가 대조 연구를 통해 진행되었고, 현재는 주로 교육학적 관점으로 연구가 진행되고 있는 것으로 나타났다.

(2) 칭찬 주제 연구

선행연구들에서 나타난 한국어 칭찬의 주제들은 '성취, 능력, 실력, 성격, 인물, 인격, 외모, 의상, 소유물, 가족, 삶의 자세, 진실성' 등이다. 칭찬의 주제로 선정한 내용들은 대부분 칭찬대상이 되는 사람이 가지고 있는 본 모습을 칭찬하는 경우가 많았다. 이는 한국사회가 이러한 것에 가치를 두고 있다는 것을 보여준다. 칭찬의 주제는 그 사회의 가치관과 밀접하게 연관되어 있다.

때문에 칭찬 주제의 타 문화와 대조비교는 매우 유익하다고 할 수 있다. 특별히 한국어 학습자 문화속의 칭찬 주제는 어떤 것이 있는지 살펴서 학습자의 칭찬 양상을 이해하고 한국어의 칭찬 주제에 대한 교육을 통해 한국적인 칭찬을 수행할 수 있는 능력을 기르도록 해야 한다.

또한 칭찬 주제는 그 사회의 가치관을 담고 있기 때문에 한 사회의 시대적 가치관의 변화를 관찰할 수 있는 좋은 자료가 될 수 있다. 선행연구와의 비교라든지 연령별로 선호하는 칭찬 주제를 살펴보면 사회의 변화에 따른 가치관의 변화를 어느 정도 그려낼 수 있다. 학습자에게 이러한 변화를 다 제시하지는 않는다 해도 칭찬의 한 양상으로 소개하고 그러한 칭찬을 들었을 때 문화적 당황감을 느끼지 않도록 함께 교수해야 할 필요도 있다고 본다.

2.2.2 중국 칭찬 화행 연구

(1) 칭찬 화행 연구 방법

중국의 칭찬어 연구는 20세기 80년대로부터 시작되었다.[36] 중국어 자체의 칭찬 화행 연구에서 성별 칭찬 화행 연구, 문화 간 칭찬 화행 연구까지 매우 다양하게 진행되어 왔다. 초창기 연구에서는 대부분 중·외 비교 분석 방법으로 주로 영어와 비교하면서 중국어의 칭찬유형과 응답유형을 연구하였다. 점차 중국어 자체 칭찬 화행의 특징과 성별연구에 중점을 두었고, 최근에는 문화 간 칭찬 화행 대조연구가 활발하여 문화 간 의사소통에서 화용적 실패를 예방적 차원에서 다양하게 연구하고 있다.

문화 간 연구에서 중국어 칭찬 화행의 형태적 특징으로 문형화의 특징을 찾아냈는데 李悅娥·馮鴻江(2000) 등의 연구에 따르면 형태 면에서 주어는 1인칭 주어보다 2인칭 주어를 사용하고 고정적으로 사용하는 문장유형이 있으며, 어휘 면에서는 형용사를 가장 많이 사용하고 특별히 인구에 회자되는 시의 한 구절과 성어와 같이 고정화

---

36) 张亭亭, 「语言语交际中称赞语的性别差别研究」, 北京, 北京语言大学硕士论文, 2007, p.3.

된 문형이 칭찬어로 사용된다고 하였다. 이러한 형태적 특징은 외국어 칭찬 화행의 대조결과로 나타난 특징이라고 할 수 있다.

칭찬 주제 면에서 외국의 칭찬 화행에서 나타나는 외모와 성취 등에 대한 주제 이외에 중국 특유의 칭찬 주제에 대한 연구도 되었는데 石寧(1997)은 중국 사회는 개인의 도덕, 재능을 더 중시하기 때문에 중국사회에서 사람을 칭찬할 때 인품이나 교양, 재능, 지혜가 중심내용이 된다고 하였다. 또 비교적 특수한 중국적 칭찬의 주제로 칭찬 대상의 가족 성원이나 칭찬 대상의 물질 등이 있다.

20세기 90년대부터 성별에 따른 중국어 칭찬어 연구가 시작되었는데 그중 Ye(1995)의 연구는 후행 연구자들에 의해 많이 인용되었다. Ye는 문화 간 언어교류 화용론 연구에서 사용하는 DCT를 통해 자료를 수집하였다. 외모와 행위의 두 가지 주제로 남성과 여성 칭찬어의 사용상황을 조사하였는데, 연구 결과로 칭찬어 사용에서 여성이 비교적 직접칭찬과 간접칭찬을 비교적 많이 사용하는 것으로 나타났으며 남성은 비교적 칭찬을 하지 않거나 응답하지 않는 것으로 나타났다. 칭찬응답에서 여성은 비교적 많이 받아들이거나 수용하고 보충하는 책략을 사용하는 반면 남성은 대부분 받아들이지 않거나 응답하지 않는 책략을 사용하였다.

이후 일부 학자들도 성별에 따른 중국어 칭찬어 연구를 하였는데 賈玉新(1997)은 칭찬어 사용에서 남녀의 인칭 사용 선호도를 연구하였고 魏耀章(1998)은 관찰법을 사용하여 분석한 결과로 칭찬어 사용에서 남녀의 차이는 화제에 있다고 하였다. 馮鴻江(2003)과 權立宏(2004)도 DCT를 통해 대학생 칭찬상황을 조사하였는데 馮鴻江(2003)의 연구결과는 여성이 남성보다 쉽게 남을 칭찬하고 다른 사람의 칭찬을 받는다고 하였고 칭찬응답 방식에서 성별차이가 난다고 하였다. 權立宏(2004)도 남녀의 칭찬 화행에서 차이가 있음을 말하였다. 張亭亭(2007)은 영화 드라마 대본을 중심으로 318개의 칭찬 화행 쌍을 찾아서 지위, 나이, 주제 등에 따라 남녀의 칭찬발화와 칭찬 응답유형을 살폈다. 또한 남녀의 칭찬 화행의 차이를 사회학적 관점에서 분석하였다.[37) 이들의 연구 결과는 각각의 연구 방법에 따라 조금씩 다르게 나타났다. 따라서 중국 칭찬 화행을 어떻게 일반화 할 것인가 하는 것이 문제로 남는다.

(2) 칭찬 주제 연구

중국 칭찬의 주제는 '외모, 소유물, 성취, 능력, 인품, 재능, 개성, 품성, 표현, 지혜, 재물, 요리솜씨, 옷, 성적, 성격' 등으로 한국어 칭찬 주제와 대동소이하다. 그러나 세부적으로는 약간의 차이를 나타내고 있다.

2.3 소결

지금까지 중국과 한국의 칭찬 화행에 대한 연구들을 살펴보았다. 한국과 중국의 칭찬 화행연구는 비슷한 시기에 시작되었으며 계속 연구의 외연을 넓히고 범주를 정밀하게 나누면서 발전해 왔다. 지금까지의 연구는 칭찬과 응답의 유형, 칭찬에 주로 사용하는 어휘, 칭찬 주제, 화행적 특징 등에 대한 논의가 주를 이루고 있다. 그러나

---

37) 졸고 박애양(2008a), 「중국어 칭찬 화행 연구 고찰」, 『중국학연구』, 43집, pp.93~115. 참고

아직 칭찬발화를 표현문형 단위로 추출한 연구는 없었고 추출된 칭찬 표현문형을 한국어 교육에 적용하려는 시도도 아직 이루어지지 않았다. 대조분석 차원에서 두 언어의 칭찬 화행 문형추출을 시도한 논문도 아직 없다. 본 연구에서 칭찬 화행 표현문형을 추출하는 의의가 여기에 있다. 물론 상황별 칭찬 화행의 표현문형을 추출하고 빈도를 고려하여 순위를 결정한다는 것이 그리 손쉬운 작업은 아닐 것이다. 그러나 학습자들이 의사소통을 원활하게 하고 대화자 상호 간의 관계를 원활하게 활용할 수 있는 표현문형의 제시는 필요한 작업이며 이 작업을 통해 학습자들이 한국인들이 칭찬 화행에서 자주 사용하는 표현을 자유롭게 사용할 수 있도록 길잡이 역할을 해야 할 것이다.

그러나 분석의 기초자료가 되는 적절한 칭찬대화 지문을 찾는 것은 다소 어려운 일로 보인다. 지금까지 선행연구의 자료수집에서는 주로 드라마나 영화, 혹은 DCT 자료수집으로 이루어졌다. 두 가지 자료 모두 장단점을 다 가지고 있다. 따라서 본 연구에서는 이들의 장점만을 취하도록 하겠다.

첫째, 칭찬이 의사소통상황에서 대화를 주고받는 형식으로 이루어지고 청자에 따라 칭찬의 주제, 칭찬유형을 선별하여 발화하며 또 청자에 따라 칭찬응답의 유형이 설정되기 때문에 화·청자 변인이 매우 중요하지만 현재 화·청자 변인을 구별한 연구는 그리 많지 않다. 따라서 본 연구는 표현문형의 의미자질을 구분할 때 사회적 변인을 세워 화·청자 간의 변인을 확인할 것이다. 이때 분석의 자료는 드라마 자료를 중심으로 한다. DCT의 경우 연구자의 자의성이 크고 피설문자도 제한적인 상황만을 고려해서 질문에 응하기 때문에 자연스러운 칭찬대화를 이끌어 낼 수 없기 때문이다.

둘째, 드라마 자료의 경우 드라마 작가의 글쓰기 성향에 따라, 그리고 드라마 주인공의 성격 특징과 사회적 배경 등에 따라 대화지문이 달라질 수 있고 DCT의 경우 위에서 지적한 것과 같이 설문자가 설문항목을 임의로 설정할 수 있기 때문에 항목설정에 따른 결과에 영향을 줄 수 있다. 본 논문에서는 DCT 자료를 칭찬 화행의 문장구조를 분석하는 데 보안해서 사용하도록 한다. 비록 DCT 자료에서 사회적 변인을 고려한 의미자질을 분석해 내기는 어렵지만 칭찬화행의 문형추출은 가능할 것으로 보인다. 다양한 화자의 다양한 칭찬 화행 발화문장을 살펴서 칭찬어의 전형적인 문형을 제시하는 데에는 적절하게 사용될 것이다.

드라마 자료와 DCT 자료의 결점을 보안하는 가장 좋은 방법은 칭찬 화행이 일어나는 상황을 녹음해서 전사하는 것일 것이다. 그러나 이러한 작업은 실제로 충분한 시간적 투자와 다양한 사회적 변인 상황에서의 녹음자료가 필요하기 때문에 본 연구에서 사용하기에는 다소 어려움이 있다. 따라서 본 연구는 드라마 자료와 DCT 자료 분석을 동시에 함께 활용하는 방법을 취하기로 하겠다.

제3장

유형별 특징 분석

3.1 칭찬어 유형 특징

전장의 선행연구에서 살펴본 것처럼 칭찬어 유형은 연구자들에 따라 분류 기준이 다르고 사용 용어에도 차이가 있다. 선행연구에서 나타난 칭찬 유형을 정리하면 아래의 표와 같다.

<표 1> 선행연구에서 나타난 한국 칭찬어 유형

저자	대분류	세부 분류
이원표 (1996)	특징: 칭찬유형과 주제를 함께 평가.	
		-칭찬의 대상 자체에 대한 평가
		-상대방의 능력이나, 노력에 대한 평가 또는 감사의 표시
		-칭찬의 대상과 관련된 질문
		-인지 및 부러움의 표시
		-농담
		-의성어의 사용, 놀람
전지원 (2002)	직접적 칭찬	전형적 칭찬
	간접적 칭찬	알아채기
		정보 묻기
		사적인 견해
		비언어적 행위
		감탄
		농담

		고마워하기
		축하
		격려, 부탁
		보상제시
송영미 (2003)	참조: Manes & Wolfson(1981), 김현정(1996)	
	직접적이고 정형화된 칭찬	
	정형화된 칭찬과 함께 주변적 언급	
	주변 언급만을 표현	알아채기/묻기/개인적 의견말하기/농담하기/설명하기/요청/제시
	아무 말도 하지 않는 유형	
김명지 (2005)	감정 표명형	감정/관심
	인지 평가형	인정/동의/평가
	직접 칭찬형	칭찬/권유
	기대 칭찬형	격려/의뢰/질문/기대
	사교 의례형	축하/인사/윤활유적 말
	간접 칭찬형	겉치레 말/자기, 타인 비하
박경옥 (2006)	직접 표명형	감탄/칭찬
	인지 평가형	인정/동의/평가
	감정 칭찬형	관심/권유
	기대 칭찬형	격려/의뢰/질문/기대
	사교 의례형	축하/인사/윤활유적 말
	간접 칭찬형	겉치레 말/자신비하

칭찬은 칭찬하는 방식에 따라 몇 가지 유형으로 나눌 수 있는데 선행연구에서의 분류는 대부분 칭찬의 내용에 따라 분류한 것으로 보인다. 예를 들어 '정보 묻기'에서 "이거 어디에서 샀니?"라는 발화가 일어났을 때 이것을 칭찬의 화행으로 본다면 "이거 어디에서 샀니?"라는 발화 속에 '이 물건 너무 멋있다. 나도 하나 사고 싶다. 어디에서 파는지 알고 싶다'라는 메시지가 담겨있는 주변 언급이 필요하다. 칭찬이 칭찬으로서의 기능을 하려면 청자가 칭찬의 의미를 알아채야하고 청자를 기쁘게 고무시켜야 한다. 그런데 이러한 칭찬은 정보에 대

한 관심이 상대를 칭찬하는 의미보다 더 강하게 작용하여 칭찬의미가 약화될 수 있어 칭찬어로서의 기능을 온전히 수행할 수 없다. 또 대부분 이런 발화는 1차 발화나 2차 발화가 되고 뒤나 앞쪽에 "이거 괜찮다." 혹은 "이거 참 예쁘다"라는 직접 칭찬이 동반된다. 따라서 정보 묻기는 질문형 칭찬으로의 재고가 필요할 것으로 보인다.

3.2 한·중 칭찬어 유형 분류

본 연구는 칭찬유형을 단순하게 두 개의 큰 범주 즉, 순수칭찬과 목적칭찬으로 나누었다. 칭찬에는 순수하게 상대의 좋은 점을 발견하고 그것을 높이 평가하는 칭찬이 있고 칭찬을 하면서 부수적인 기능도 함께 이루려는 목적을 가진 칭찬이 있을 수 있다. 전자를 순수칭찬이라 하고 후자를 목적칭찬이라 칭한다.

순수 칭찬은 담화 상황에서 단순히 청자에 대한 긍정적인 평가를 통해 화·청자 간의 자연스런 친밀감을 강화시키고 대화를 계속 발전시키는 대화의 촉매제 역할을 한다. 목적 칭찬은 칭찬발화 전후로 화자의 목적에 해당하는 화행을 보충 혹은 돌출시키면서 청자로부터 화자에게 유리한 행위가 일어나기를 바라는 목적을 가지고 발화하는 것이다.

목적 칭찬은 한 번의 말차례에서 두 가지 이상의 화행기능이 나타나거나 1차 발화 혹은 2차 발화에서 화자의 목적을 달성하기 위한 칭찬이 아닌 발화가 이어진다. 또 목적을 동반한 칭찬어는 +[친교]와 +[평가]이지만 각각 목적에 따라 +[부담], +[요청], +[비평], +[감

사], +[사과] 등이 추가되는 특징을 나타내며 동시에 칭찬어로서의
기능도 반감된다.

목적에 따른 칭찬을 구분한 후 칭찬의 발화형식에 따라 칭찬의 세
부유형을 다시 분류할 수 있다. 칭찬을 발화할 때 어떠한 형식으로
발화되는가에 따라 직접칭찬과 간접칭찬으로 나눌 수 있다. 직접칭
찬의 경우 칭찬어에 긍정적 평가의 의미를 담은 어휘 및 표현들을
사용하여 상대방이 금방 알아들을 수 있게 하는 평가가 된다. 예를
들어 상대방이 자신이 착용한 목거리를 보고 아름답다고 말을 하면
대부분 그 말이 칭찬임을 알아채고 상대방의 관심과 호의에 감사의
마음을 갖게 된다.[38] 간접칭찬은 칭찬의 의미를 담은 비유를 하거나
속담, 성어, 전고 등을 사용하여 그 속에 담긴 의미로 상대를 칭찬하
는 방법이다. 대부분의 간접칭찬은 청자가 화자의 발화에 대해 그
발화에 담긴 심층의미를 알고 있어야 칭찬으로서의 기능을 완성할
수 있다. 따라서 한국어 학습자의 경우 간접발화에 의한 칭찬을 이
해할 수 없는 경우도 종종 발생할 수 있다. 간접발화 칭찬을 이해하
기 위해 선험학습으로 한국어 문화지식과 언어지식을 갖추어야 하
는 어려움이 있다.[39]

1) 한국 칭찬어 유형

본 연구는 분석된 칭찬어의 발화 의미를 중심으로 재분류하여 칭

---

38) 그러나 직접칭찬이라고 하더라도 문화간 이해가 다를 경우 Holmes & Brown (1987:526)에서
   제시한 예문처럼 목거리가 예쁘다고 칭찬하는 화자의 의도를 목거리를 달라고 하는 것으로 오
   해하는 예도 발생할 수 있다.
39) "오, 오윤아! 마더테레사네?"(전지현2005:104)와 같은 비유는 한국어 학습자들이 한국인들이
   생각하는 '마더테레사'에 대한 선지식이 있어야 하는데 그렇지 못할 경우 칭찬으로 알기 어렵
   게 된다.

찬 화행의 대분류를 순수칭찬과 목적칭찬으로 나누고 각각의 소분류에서 다시 직접칭찬과 간접칭찬으로 나눈다.

한국 칭찬어의 경우 직접칭찬의 세부 유형을 '감탄하기, 발견하기, 인정하기, 희망말하기, 확신하기, 생략하기, 판단하기, 비교하기, 비유하기, 의견말하기, 진술하기, 추측하기, 확인하기, 느낌말하기, 이유대기, 질문하기, 생각말하기' 등으로 17개의 항목으로 나누었다.

2) 중국 칭찬어 유형

중국 칭찬어의 경우도 우선 순수칭찬과 목적칭찬으로 나누고 칭찬의 발화양상에 따라 직접칭찬과 간접칭찬으로 나누었다. 칭찬발화가 어떠한 형태로 나타나는가하는 것에 따라 가정하기, 감탄하기, 강조하기, 나열하기, 느낌말하기, 발견하기, 비교하기, 생각말하기, 설명하기, 요청하기, 인정하기, 진술하기, 판단하기, 확인하기 등 14개 항목으로 나누었다.

3.3 소결

본 연구는 선행연구의 분류를 그대로 사용하지 않기로 한다. 본 연구에서 표현문형으로 추출한 한·중 칭찬어 문장들의 유형을 살펴본 결과 추출된 표현문형들이 모두 전형적인 칭찬어 화행에서만 사용되는 것이 아니라 여러 다른 화행 기능을 나타내는 표현에도 사용될 수 있음이 나타났다. 또 칭찬 화행에서만 사용되는 표현이 두드러지지 않았다.

예를 들어 '감탄하기'는 상대의 새로운 점을 발견하고 그 점에 대해 높이 평가하는 것이다. 이러한 상황에서 감탄하기는 감탄하면서 칭찬하는 기능을 동시에 지니고 있다고 할 수 있다. 우리가 의사소통 상황에서 새로운 물건을 발견하고 그 물건에 대해 좋은 느낌을 있을 때 자신도 모르게 감탄의 표현이 나오게 된다. 화자의 이러한 화행이 그 물건을 소유하고 있는 사람을 기분 좋게 하는 기능을 하는 것이다. 이때 감탄하기와 칭찬하기가 동시에 일어나게 되는데 이는 어떤 의사소통 상황에서 감탄하기와 칭찬하기의 표현문형이 동시에 일어날 수 있다는 것을 나타내며 또 하나의 표현문형으로 여러 상황에서 응용이 가능하다는 것을 의미한다.

본 연구는 이러한 점을 인정하고 칭찬 유형을 표현양상에 따라 각각 17개와 14개의 세부 유형으로 나누었다. 이번에 분석한 자료는 직접칭찬만을 대상으로 한 것임으로 향후에 자료의 대상을 더 넓혀서 분석한다면 보다 확대된 결과를 얻을 수 있을 것이다.

제4장

문장성분 대조분석

본 장에서는 한·중 칭찬어에 나타난 문장성분을 살펴본다. 유형이 다른 두 언어가 하나의 동일한 화행을 실행할 때 문장성분은 어떠한 구조로 나타나는지, 특히 한국어는 일반 대화에서 주어의 생략이 빈번하게 일어나지만 중국어의 경우 대부분 주어가 사용되고 있는데 이러한 기본적인 구조가 칭찬 화행에서 어떠한 양상으로 실현되는지 살펴보는 것도 유의미한 작업이라고 생각한다. 이에 본 장에서는 문장성분 대조분석을 통해 한·중 칭찬 화행 주요 문장 구조 추출과 함께 추출된 칭찬어 문장 구조의 일반화 가능성을 타진해 본다.

4.1 한국 칭찬어 문장성분

한국 칭찬어의 문장 구조 특징을 살펴보니 전형성이 그다지 크지 않았다. 그러나 사용 빈도에서 분명한 차이를 나타낸다. 우선 한국어 칭찬어 문장에서 많이 쓰이는 문장 구조를 상위 10위까지만 살펴보면 다음과 같다.

<표 2> 한국 칭찬어 고빈도 문장

순위	문장 구조	개수	비율
1	(독립어)+주어+부사어+서술어	69	21%
2	(독립어)+부사어+서술어	67	21%
3	(독립어)+서술어	60	18%
4	(독립어)+주어+서술어	49	15%
5	부사어+주어+서술어	7	2%
6	(독립어)+주어+목적어+서술어	7	2%
7	(독립어)+목적어+부사어+서술어	6	2%
8	관형어+주어+부사어+서술어	6	2%
9	관형어+주어+서술어	4	1%
10	(독립어)+목적어+서술어	4	1%

위의 <표 2>를 보면 1위부터 4위까지가 전체 75% 이상을 차지한
다. 한국어 칭찬화행에서 주로 사용되는 문장성분을 살펴보면 1위가
(독립어)+주어+부사어+서술어, 2위가 (독립어)+부사어+서술어, 4위
가 (독립어)+주어+서술어로 나타났다. 칭찬화행에서 독립어가 다양
한 문장 구조와 함께 사용되고 있었는데 칭찬화행이 상대의 긍정적
인 면을 인지하고 그에 대해 적극적으로 반응한다는 점에서 자연스
런 결과라 하겠다. 서술어의 경우 영어의 "Nice"나 "Good"처럼 한
국어 칭찬화행에서도 "멋있다", "예쁘다", "맛있다" 등과 같이 긍정
형 형용사 술어를 단독으로 사용하는 예가 많았으며 칭찬의 주제나
강조의 여부에 따라 "정말", "너무", "역시" 혹은 "와", "오" 등 부사
어나 감탄사와 함께 쓰이는 예가 많이 사용되고 있었다. 이에 반해
동사 술어는 일부 동사를 제외하고 대부분 "잘 쓰다", "많이 빠지다" 등
과 같이 부사와 결합해 정도를 강조시킨 구조가 많이 나타났다.[40]

---

40) 별첨1 한국 칭찬어 문장 구조 및 표현문형 예시 참고.

1) 칭찬어에만 사용되는 전형적인 문장

위의 <표 2>에 따르면 한국어 칭찬어 문장성분 분석 대상인 전체 325개 문장[41]에서 '부사어+서술어'류가 압도적인 비율을 보이는 것으로 보아 '부사어+서술어' 구조가 한국 칭찬어에 가장 자주 사용되는 문장 구조이며 전형적인 칭찬어 구조라고 분석할 수 있다. 그러나 '부사어+서술어' 구조는 가장 보편적이고 일반적인 구조로 한국어 칭찬 화행에서만 나타나는 고유형태라고 할 수 없다. 따라서 본 연구는 비슷한 문장 구조를 가진 발화가 칭찬 화행에서만 나타나는 예만을 연구하기보다 문장을 구성하는 성분들의 배열과 특징에 더 주목한다.

2) 1인칭 주어 형식 문장이 적다.[42]

전체 분석 예문 325개 가운데 주어가 있는 문장은 118개나 된다. 한국어는 상황중심어로 주어가 생략되는 예가 많다.[43] 그런데 칭찬어 문장에서는 주어가 많이 사용된 것을 발견할 수 있다. 칭찬 특별히 어떤 무엇에 대해 좋은 평가를 내리는 것으로 칭찬발화에서 칭찬의 대상이 되는 것이 주어로 부각되는 것은 당연하다. 따라서 칭찬 발화에서 주어로 시작하는 문장이 상대적으로 많다고 하겠다. 그러

---

41) 화행은 주로 주변언급과 함께 일어나는데 이번 조사 결과 한중 칭찬화행도 칭찬어와 주변언급이 함께 나타난 예문이 꽤 있었다. 그러나 실질적인 칭찬어가 아닐 경우 통계에 포함하지 않았다. 한국 칭찬어 원천 예문은 드라마에서 146회, DCT 156회로 전체 302회가 수집되었는데 칭찬어 문장성분과 문장 분석을 위해 한 번의 말차례에 연속으로 발화된 여러 개의 칭찬어 문장을 각각 통계 수치에 포함하여 325개를 분석 자료로 설정하였다. 이전 연구에서는 "예뻐, 예뻐"와 같이 동일 어휘의 중첩도 각각 합계에 포함하였으나 동일 어휘의 중첩은 강조적 표현이라는 판단하에 여기에서는 1회만 적용하도록 한다

42) 이중 주어문의 경우 현행 학교 문법의 분석을 따른다.(주어+서술어(주어+서술어)) 또 이어진 문장에서 칭찬어가 후행절에 있고 선행절이 '주어+(목적어)+서술어'의 구조이면 'S'로 표시한다.

43) 이익섭(2007). 『한국어 문법』, 서울: 서울대학교출판부. p.10.

나 칭찬어 문장의 주어는 대부분 칭찬을 하는 화자 자신을 지칭하기보다는 칭찬의 대상이 되는 상대방이나 사물, 혹은 칭찬대상을 주어의 위치에 놓는다. 그러므로 한국어의 경우 'I' 메시지 형식으로 상대를 칭찬하는 예가 별로 없다. 본 연구에서 9개(2.7%)의 예문만이 "내가~어떠하다"는 형식의 칭찬으로 된 문장을 사용하였다.

> 나 너 괜찮은 아이라고 생각해. (슬11)
> 내가 우리 여진이 덕에 호강하는구나.(슬23)
> 내가 이래서 서작가가 좋다니까.(온1)
> 난 형이 내 형인 게 진짜 좋다.(슬15)
> 이래서 난 네가 예쁘다.(슬25)
> 역시 제가 존경할 만하시네요.
> 나 그거 너무 재밌게 봤는데.(온5)
> 난 엄마 닮았다는 게 자랑스러운데?(슬11)
> 제 마음에 들어요.(슬17)

또 화자를 주어로 사용하지는 않았지만 의미상 "메뉴들 진짜 마음에 들어"처럼 "내가~어떠하다"는 칭찬 예문도 21개 있었는데 전체 칭찬 화행의 예문에서 볼 때 그 수는 매우 적다.

전체 예문 가운데 "S+"로 분석된 예문 8개를 포함한 126개의 문장이 주어를 사용하면서 칭찬 화행을 수행하였고 나머지 199개 문장에서는 주어 없이 서술어를 중심으로 칭찬 화행을 수행 한 것으로 나타났다.

3) 대화 문장에서 서술어만을 사용해서 칭찬하는 예는 상대적으로 적다.

주어를 생략하고 수식어와 서술어만을 사용해서 칭찬을 수행한 문장은 모두 199개(61.2%)로 과반수 이상이 무주어문으로 칭찬화행을 진행했다는 의미가 된다. 이러한 수치는 칭찬어가 대부분 술어의 사용에 기대고 있다는 것을 나타낸다. 서술어 문장 가운데 동사서술어나 명사서술어는 사용빈도가 적었으나 형용사서술어의 단일 사용이 상대적으로 두드러졌다. 또 자료의 출처별로 사용의 차이가 나타났는데 드라마의 경우 17회에 그쳤지만, DCT에서는 33회, 독립어와 함께 쓰인 예를 합하면 39개 예문이 단일 서술어를 사용하여 칭찬화행을 진행한 셈이 된다. 이는 드라마에서는 문맥에 따라 계속 말 주고받기가 일어나기 때문에 칭찬의 대상에 대한 지시적 표지가 필요하지만 DCT자료에서는 이미 전제된 상황이 있고 피설문자는 제시된 칭찬 상황을 고려해서 간단히 칭찬어만을 기록했기 때문으로 분석할 수 있다.

4) 독립어로 문장을 시작하는 예가 적다[44]

예문 37개에서 독립어가 사용된 것으로 분석되었는데 그 가운데 호칭으로 사용한 인칭사 7개와 문장 뒤에 나타난 독립어 예문 2개를 제외하면 28개의 감탄형 독립어가 문장 앞에서 칭찬 대화를 열고 있었다. 그 중 드라마는 19개 문장이, DCT 자료에서는 6개 예문

---

44) 호칭이 주어 자리에 나타날 경우도 있는데 "선배 오늘 예쁘세요"와 같은 표현은 '선배'가 주어의 위치에 자리하고 있지만 "선배는 오늘 예쁘시네요"의 의미인지 "선배, 오늘 예쁘시네요"라는 의미인지 구별이 어려운 때가 있다. 이에 본서는 주어와 부사어 사이에 ","를 기준으로 자료를 재분류하였다. 원천 자료에서 호칭어 뒤에 "," 표지가 있는 것은 독립어로, 그 외의 것은 주어로 분류하였다.

이 감탄형 독립어로 대화를 시작한다. DCT 자료는 칭찬을 말로 하는 것이 아닌 글로 쓰는 경우이기 때문에 감탄사 사용의 비율이 아무래도 낮게 나타날 수밖에 없다.

4.2 중국 칭찬어 문장성분

중국 칭찬어 분석자료 문장은 다음과 같이 추출하였다. 말차례 단위로 총 331개의 칭찬어 샘플을 분류하였고 한 번 말차례에서 연속적으로 칭찬어를 발화했을 때 각각의 칭찬어를 유효한 문장으로 판단하여 분류한 404개 칭찬어의 문장성분을 분석하고 표현문형을 찾아 그 예문을 보였다. 중국어 자료의 양이 한국 칭찬어 자료보다 많았는데 이것은 같은 시간의 양을 조사했지만 시간당 발화량이 한국보다 중국이 많았고, 한 사람의 말차례에서 한 대상에 대해 칭찬의 발화를 연속적으로 행한 경우가 한국보다 많았기 때문에 양적인 차이가 있었다. 지면 관계상 문장 성분 분석표는 별첨2에 놓았다. 이절에서는 그 분석표를 중심으로 몇 가지 세부분석을 진행할 것이다.[45]

분석자료 예문의 문장 구조에 따라 많이 사용한 문장 구조를 빈도수별로 10위까지 제시하면 다음과 같다.

---

45) 별첨2-중국 칭찬어 문장 구조 및 표현문형 예시 참고. 대만에서 제작된 드라마 <換換愛>는 원천자료(번체자) 그대로 수록한다.

<표 3> 중국 칭찬어 고빈도 문장

순위	문장 구조	개수	비율
1	독립어, 주어+부사어+술어	118	29%
2	독립어, 부사어+술어	78	19%
3	주어+부사어+술어+목적어	35	9%
4	독립어+주어+술어+목적어	30	7%
5	주어+술어+得+보어	20	5%
6	독립어+주어+술어	17	4%
7	술어+得+보어	16	4%
8	독립어+술어+목적어	12	3%
9	독립어, 부사어+술어+목적어	11	3%
10	독립어, 술어	10	2%

1) 칭찬에만 사용되는 전형적인 문장

분석결과 중국 칭찬어 문장 구조에서도 특별히 칭찬에만 사용하는 문장 구조는 따로 없는 것으로 나타났다. 다만 주로 사용하는 문장 구조는 몇 가지 제시할 수는 있을 것이다.

중국 칭찬어 문장 성분 분석에서 나타난 결과를 보면 '주어+부사어+서술어'로 이루어진 문장이 전체 404개 예문[46)]에서 118개(29%)로 매우 높은 수치를 나타냈다. 다음으로는 부사어와 서술어 구조로 사용된 문장이 많았고 나머지 구조는 비슷한 수치를 나타냈다. 그런데 중국어 칭찬어에서 정도보어 구조 형태로 칭찬 화행을 실행한 문장이 비교적 많았다. 전체적으로 볼 때 약 11% 이상을 차지하는 것으로 나타났다. 이는 중국어의 유형별 특징을 나타내는 것으로 중국어는 술어성분 뒤에서 술어의 결과적 상태를 나타내는 보어성분이

---

46) 한 번의 칭찬발화에 문장형태의 칭찬이 연속적으로 일어난 것은 개별적으로 전체수에 포함하였다. 그러나 연사 '而且' 등을 사용하여 앞뒤 내용이 의미적으로 연결된 문장은 1회만 포함하였다. '有'와 '是'는 술어 통계에 포함시켰다.

존재한다. 정도보어 형태로 칭찬을 하게 되면 동작 이후의 결과적
상태를 나타낸다.

2) 독립어로 시작하는 문장이 많다.

독립어로 시작하는 47개 문장 가운데 '호칭'으로 시작하는 문장이
33개, '감탄'으로 시작하는 문장이 14개가 있다. 독립어로 칭찬발화
를 시작하는 경우는 대부분 상대방의 새로운 점을 발견하고 칭찬발
화를 시작하는 경우가 되므로 주로 담화의 시작 지점에서 발생한다.
대화가 어느 정도 무르익거나 이미 다른 화제로 이야기가 진행되고
있으면 독립어의 사용이 상대적으로 줄게 된다.

3) 1인칭 주어로 시작하는 칭찬어

'I' 메시지로 상대방을 칭찬하는 예가 예가 34개(8.4%)로 한국보다
많이 나타났다.[47]

> 看着你为自己的理想不断努力, 我真的感到很钦佩啊(아19)
> (당신이 자신의 이상을 위해 끊임없이 노력하는 것을 보면서 나는
> 정말 매우 감동했습니다.)
> 我最喜欢你不做明星的时候, 像个邻家女孩那么可爱。(상15)
> (나는 당신이 스타가 아닐 때가 제일 좋았어요. 옆집 아가씨처럼
> 그렇게 귀여웠지요.)
> 嗯, 我可喜欢看您演的戏了。(상1)
> (네, 저는 당신의 연기를 정말 좋아합니다.)

---

47) 중국어 칭찬어는 대부분 주어가 대명사로 시작하는 문장이 많다. 施家炜(2000)에서 인칭대명
   사인 '你 / 你的'로 시작하는 문장이 75%, 지시대사인 '这 / 这些'로 시작하는 문장이 19%, 인
   칭대명사 '我'가 3% 등이라고 밝혔다. 본 연구에서도 인칭대명사인 '你 / 你的'가 주어 기능을
   하는 문장이 70여개(17.5%)로 가장 많았다. 그러나 'I'메시지는 34개로 전체 8.4%를 차지했으
   며 '这'류는 2.7%, '那'류는 1.0%로 나타났다. 施家炜,「汉英文化称赞语对比分析」, 『汉语学习』第
   5期, 2000, p.43.

我真是跟你处的时间越长，我就越尊敬你。(상11)

(저는 정말이지 당신과 함께 있는 시간이 길어질수록 당신을 더욱 존경하게 되네요.)

我喜欢看你那种认真的表情。 (아15)

(나는 당신의 그런 진지한 모습이 좋습니다.)

哇!我从来没有看过这么精彩的武打设计。(아10)

(와, 나는 지금까지 이렇게 훌륭한 액션게임 설계를 본적이 없어요.)

我就喜欢看你这样跳。(아13)

(나는 당신이 이렇게 춤추는 것을 보는 것이 좋습니다.)

霍伯伯一直很欣赏妳。(환10)

(아저씨는 줄곧 너를 매우 마음에 들어 했단다.)

我也很钦佩。(아2)

(나도 매우 감탄했습니다.)

위에 제시된 예문 이 외에 '我觉得~'(나는~라고 생각합니다.)로 시작하는 문장도 12개나 되었다. 물론 수치상으로는 매우 적은 비율이지만 한국 칭찬어와 비교했을 때 '당신의~이 나를 기쁘게 한다' 혹은 '내가 당신의~으로 어떻다'라는 표현이 한국어에 비해 자주 나타났다.

4) 2인칭 주어 사용률이 매우 높다.

분석 자료에서 대부분 주어가 '你 / 你的'로 시작하는 문장이 많았다. 이는 중국어 칭찬 화행의 선행연구[48] 결과와 비슷한 결과이다.

---

48) 贾玉新(2003)의 연구에서도 수집자료 67%가 모두 '你 / 你的'로 시작한다고 하였다. 贾玉新, 『跨文化交际学』, 上海, 上海教育出版社, 2003, pp.361-373.

4.3 소결

한국어와 중국어는 언어의 유형이 다르기 때문에 근본적인 대조
는 어렵다. 그러나 칭찬 화행에서 주로 사용하는 문장 구조에서 서
로 비슷한 점이 나타났다. 이는 한국어와 중국어 모두 칭찬어 문장
에 대부분 형용사 서술어를 사용하고 있기 때문이다. 아래의 표에서
확인할 수 있는 것처럼 한국어의 칭찬어 선호문장은 그 비율의 차이
가 크지 않다. 다만 서술어 문장이 단독으로 칭찬어에 사용된다는
것이 특징일 것이다. 중국어 칭찬어의 경우 (독립어)+주어+부사어+
술어 구조가 가장 높은 사용빈도를 나타냈고 점차 크게 차이가 나타
나는데 이는 한국어의 경우 주어가 생략되는 형태가 많은 반면 중국
어는 상대적으로 주어가 있는 문장이 많아 아래의 결과는 매우 자연
스러운 결과라 할 수 있다.[49]

<표 4> 칭찬어 문장 성분 분석 대조표

	한국어 칭찬어 선호 문장 구조		중국어 칭찬어 선호 문장 구조	
1	(독립어)+주어+부사어+서술어	21%	(독립어)+주어+부사어+술어	29%
2	(독립어)+부사어+서술어	20%	(독립어)+부사어+술어	19%
3	(독립어)+서술어	18%	주어+부사어+술어+목적어	9%
4	(독립어)+주어+서술어	15%	(독립어)+주어+술어+목적어	7%

---

49) 중국어 칭찬 화행 선행연구에서는 (부사어)+형용사술어, 관형어+N구조가 가장 높은 선호도를
나타내는 것으로 조사되었다. (26.8%). 두 번째로 사람들이 선호하는 구조는 '你+动+得+形 /
名+动+得+(副)形'의(26.3%) 구조로 나타났다. 李悦娥·冯江鸿, 「析普通话话语中的赞扬及其应
答」,『山西大学外语学院』, 第9期, 2000, p.29. 사실 이 두 문장 구조의 사용빈도는 매우 비슷하
다. 전자의 경우는 부사어로 형용사 술어를 수식하여 '어떠하다'를 나타낸 것이고 후자는 동작
의 결과로 '어떠하다'는 것을 나타내는 것이 다를 뿐이다.

한중 양국 언어의 문장구조 차이가 칭찬화행 학습에도 영향을 주게 된다. 중국인 한국어 학습자들은 서술어로 마감하는 한국어 문장과 중심 서술어가 문장 중간에 나타나는 중국어의 언어 유형적 차이로 한국어 문장을 제대로 마무리하는 데에 어려움을 느낄 것이다. 한국어 화자는 종결 어미에 의지하여 청자에게 자기의 생각을 여러 가지 방식으로 표현할 수 있다. 화자의 태도나 발화 의도와 관계있는 부분이 문장의 종결 어미에 있기 때문이다.[50] 이러한 점에서 볼 때 중국인 화자의 종결어미 학습은 절실하며 칭찬 화행에서 종결형으로 나타나는 표현문형에 대한 학습도 매우 필요한 학습항목이라고 할 수 있다.

---

50) 이민선(2004), 「기능에 기반을 둔 문법 항목 교유 방안 연구 -초급 단계의 종결표현을 중심으로」, 『외국어로서의 한국어교육』(구 말), p.150.

제5장

표현문형 대조분석

본 장에서는 우선 한·중 칭찬어에서 전형적으로 사용되는 표현 문형을 추출한다. 표현문형(강현화2007b:6)은 담화차원에서 어휘단위보다 크고 문장단위보다 작은 형태로 일정한 틀에 어휘를 선택적으로 대체시킬 수 있는 구조로 설명할 수 있다.[51] 한국어에서의 표현문형은 종결형 표현문형을 중심으로 한다. 중국어의 경우 한국어와 언어 유형이 다르기 때문에 종결형 표현문형을 추출할 수는 없다. 그러나 중국어 칭찬 문장의 구조분석을 통해 칭찬어에서 주로 사용하는 문법구조를 찾아낼 수 있을 것이다.

특별히 본 연구에서 추출하려고 하는 표현문형은 종결형 표현문형으로 한국어 어미활용에 어려움을 느끼는 중국인 학습자들에게 보다 효과적인 학습효과를 줄 수 있다. 담화 상황에서 사회적 변인에 따라 가장 적절한 표현문형을 사용했을 때 의사소통이 효율적으로 이루어졌다고 볼 수 있다.(강현화2007b:2) 따라서 어떤 칭찬어가 어떤 상황에서 어떻게 발화되는지 살펴 그 결과를 제시할 수 있다면 한국어 칭찬 화행 교육에서 교재 개발과 교수 방법 등이 다양화 될 수 있을 것이다.

---

51) 표현문형은 강현화(2007b)의 분류를 기대었다. 강현화(2007b), 「한국어 표현문형 담화기능과의 상관성 분석 연구-지시적 화행을 중심으로」, 이중 언어학 제 34호. pp.6, 12.

이곳에서 분석의 대상이 되는 칭찬어는 직접 칭찬어가 될 것이며 칭찬어 전후로 발화되는 1차, 혹은 2차 발화에 대한 분석은 이곳에서 하지 않는다. 다만 한 번 발화된 칭찬어가 연속적으로 칭찬을 담고 있을 때 각각의 칭찬을 개별적으로 분석한다.

한국어의 경우는 종결형 표현문형으로의 분석이 가능하고 중국어의 경우도 이에 상응되는 고정적인 틀을 찾아낼 수 있을 것으로 본다.

5.1 한국 칭찬어 표현문형

표현문형은 어휘구의 하위 유형으로 보통 빈칸을 가지고 있어서 상황에 따라 다른 단어로 대체되어 생산적으로 쓰이는 '관습적인 어휘패턴'이다. 표현문형은 '-(으)면-ㄹ수록'과 같은 논리적 연결형 표현문형과 '-아 주시겠어요?'와 같이 문장을 맺거나 다음 문장을 전제하는 화행적 종결형 표현문형으로 나눌 수 있으며 칭찬 화행에서 나타나는 표현문형은 종결형 표현문형에 해당한다고 볼 수 있다.

그러나 본 연구에서 추출한 칭찬 화행 표현문형은 거절화행이나 요청화행의 표현문형과는 다소 다른 형태적 특징을 갖는다. 예를 들어 요청화행이나 명령화행은 '-아/어/여 주시겠어요?', '-아/어/여 주지 않겠나?'와 같은 특별한 표현문형이 문장의 종결부분에서 해당 화행 기능을 나타낸다. 반면 칭찬화행은 긍정적 의미를 지닌 서술어의 단일 사용이나 '역시~N(이)다', '잘 V-네(요)'처럼 서술어가 다른 부사어와의 결합을 통해 칭찬기능을 나타내는 경우가 훨씬 더 많다. 또 다른 화행의 표현문형과는 달리 전형성도 떨어진다. 대부분 감탄이나 설명, 바람, 발견, 비교, 확신 등의 종결어미를 사용하여 칭찬 화행을 수행한다.

그러나 달리 말하면 여타 화행과 칭찬 화행의 표현문형이 다르다는 것이 칭찬 화행 표현문형의 특징이 될 수 있다. 즉, 명사나 형용사 등 하나의 단일 단어가 문장으로 사용되어 칭찬 기능을 충분히 감당할 수 있으며 칭찬의 정도를 강조하기 위해 여러 부사어와의 결합을 통해 칭찬의 정도를 강화할 수 있다. 또 무엇보다 동사의 경우 부사 '잘' 등의 결합을 통해 칭찬 화행을 수행하고 있는데, 이것은 칭찬 화행 표현문형의 한 특징이 될 수 있다고 하겠다.

아래의 표는 한국인 칭찬 화행에서 종결형 표현문형을 정리한 것이다. 물론 개중에는 연결형으로 문장을 종결한 칭찬발화도 있다. 또 표에 나타난 표현문형이 모두 칭찬어에만 사용되는 것이 아니다. Manes & Wolfson의 칭찬 화행 특징 정의처럼 다른 화행에서도 사용될 수 있는 문형과 유형이 있을 수 있다. 앞으로 화행 간(다른 화행과) 연계해서 사용할 수 있는 표현문형이나 전략적 유형들에 대한 연구도 함께 진행되어야 할 것이다.

<표 5> 한국 칭찬어 표현문형

번호	표현문형	문형별 유형	예문
1	N이(다) A-(으)ㄴN	감탄하기	우리 엄마 최고! 착한 우리정우.
2	(진짜) N 같다 (꼭) N같네 왠지 A-(으)ㄴ 것 같다	의견말하기	진짜 작가 같다. 실물이 꼭 인형같네. 미자 씬 왠지 좀 편한 거 같아요.
3	N-ㄴ데(요) 완전 N-(이)ㄴ데요	감탄하기	좋은 생각인데. 아버지 완전 네이티브신데요!
4	N-라고 생각해(요) 잘 V+았/었/였다고 생각하다	의견말하기	너 괜찮은 애라고 생각해 신인작가가 썼다는데 잘 썼다고 생

번호	표현문형	문형별 유형	예문
			각했죠.
5	N답다	인정하기	최수빈답다.
6	N만큼이나 N이 A다	비교하기	얼굴만큼이나 이름이 참 예쁘세요.
7	N같이 잘한다 N덕에 V-는구나 N이/가 V는구나	비유하기 감탄하기	중국인같이 잘한다. 내가 우리 여진이 덕에 호강하는구나. 파릇파릇하니 생기가 넘치는구나.
8	(진짜) N보다 A-다 N보다 (훨씬) A-다 N보다 (더) A-다 N보다 (더) A-네(요)	비교하기	진짜 생각보다 똑똑하네. 생각했던 것보다 훨씬 근사하다. TV 보는 것보다 너한테 이야기 듣는 게 더 재밌다. 무지개보다 낫네요.
9	N이다(N이야/N입니다/N이에요) N이/가 N(이)다 N이/가 A-(으)ㄴ-N(이)다 언제 봐도 A-(으)ㄴ N(이)다 A-(으)ㄴ N(이)다 역시 N(이)야 역시 N은 N을 아는 사람이다 참 A-(으)ㄴ N(이)야 참 N-네(요) 딱 A-ㄴ N(이)다	진술하기 확신하기 감탄하기	제법이다.(최고야./사장님은 멋진 분입니다./예쁜 이름이에요.) 우리 딸이 최고다. 네가 어릴 때부터 정은 많은 아이였어. 넌 언제 봐도 기분 좋은 얼굴이다. 역시 내 후배야. 역시 당신은 어떻게 돈을 쓰는 게 잘 쓰는 건지 아는 분이세요. 당신 참 좋은 여자야 참 미인이시네요. 면사포 쓰기 딱 좋은 나이다.
10	N이/가 있다	인정하기	능력 있다.
11	N도 A/V지만 N도 A/V다	비교하기	은석이도 예뻤지만 체리도 예뻤어요.
12	그렇게 V-니까 A-(으)ㄴ데(요) 그렇게 V-니까 A-(으)ㄴ걸 그렇게 V-니까 V-(으)세요	느낌말하기	언니 옷 그렇게 입으니까 예쁜데. 그렇게 입으니까 예쁜걸. 그렇게 입으시니까 잘 어울리세요.
13	A-(으)ㄴ 것 같은데요 제일 V-는 것 같다 정말 V-기 A-(으)ㄴ 것 같다	의견말하기	분위기가 독특하신 것 같은데요. 이 중 네가 영어를 제일 잘하는 거같다. 정말 보기 좋은 것 같아요.
14	역시 A-(으)ㄴ가 보다	확신하기	역시 대단하신가 보다.
15	A-(으)ㄴ걸	감탄하기	오늘 멋진걸?
16	A/V 아/어/여도 좋겠는데	희망말하기	정훈이가 널 반만 닮아도 좋겠는데.
17	A-군(요)	느낌말하기	아침마다 깨끗한 차를 타니까 기분 좋군 그래.
18	진짜 A-긴 하구나	확인하기	아, 오승아가 진짜 대단하긴 하구나.
19	A-더라고요	의견말하기	영상이 아주 좋더라고요.
20	A-아/어/여 보이다	느낌말하기	선배님 오늘따라 멋있어 보여요.

번호	표현문형	문형별 유형	예문
	A-아/어/여 보이네요 A-아/어/여 보이고(요) A-아/어/여 보이세요		오늘따라 더 예뻐 보이시네요. 언제 봬도 건강하시고 젊어 보이세요. 건강해 보이고요. 요즘 안색이 환해지신 게, 생기 있어 보이시고……
21	A-아/어/여라	감탄하기	아유, 예뻐라.
22	A-더라 (참) A-더라 (다) A-더라	감탄하기	넌 요새 인기 많더라? 너 오늘 참 멋지더라. 니가 해 주는 건 다 맛있더라.
23	A-(으)ㄴ/V-는 거야	인정하기	너희들 만할 때가 진짜 예쁜 거야. 우리 정우 색싯감은 횡재하는 거야.
24	뭘 해도 A/V-(으)ㄹ거야 V-(으)ㄹ 거야	추측하기	형은 뭘 해도 멋있을 거야. 넌 어디서나 예쁨 받을 거야.
25	A-(으)ㄴ/V-는 것 같다 A-(으)ㄴ것 같은데요	생각말하기	성격이 좋은 거(것) 같아. 분위기가 독특하신 것 같은데요. 선배님 진짜 잘하시는 것 같아요.
26	A-구나 (잘) V-는구나 정말 V-는구나 정말 V-았/었/였구나	감탄하기	성실하구나. 생기가 넘치는구나./너 (일) 잘하는구나. 약속을 잘 지키는구나. 공부 참 열심히 하는구나. 드라이버가 잘 맞는구나. 정말 열심히 하는구나. 너 정말 잘생겼구나.
27	(제일)A-네(요)/(잘) V-네(요) A/V-았/었/였네(요) (정말) A-네(요)/V-네(요)	감탄하기	기특하네. 미자 씨 한복 잘 어울리네. 제일 예쁘네. 살 빠졌네요. 평소랑 다르시네요. 넥타이가 인물을 못 따라가네.
28	A/V-던데요	느낌말하기	괜찮던데요. 노래 잘하시던데요.
29	(언제 봐도) A-고 V-고	확신하기	민주 너도 언제 봐도 기분 좋고. 디테일도 살아있고.
30	A-다고 (꽤) A-다고 (정말)V-다고	의견말하기 발견하기	실력이 대단하시다고. 지금 컨셉 그대로 꽤 귀엽다고. 이걸 정말 한별이가 했다고?
31	A-다 참 A-(으)ㅂ니다 V-다	감탄하기 발견하기	멋지다! 오윤아. 눈이 참 맑으십니다. 넌 진짜 좋은 점 한 가지 있다.

번호	표현문형	문형별 유형	예문
32	A/V-다니까	이유대기 판단하기	내가 이래서 서 작가가 좋다니까. 너 아니면 이 집은 안 된다니까?
33	(딱) A/V-아/어/여(요) (진짜) V-아/어/여(요) V-았/었/였어(요)	느낌말하기	지금이 딱 좋아요. 메뉴들 진짜 마음에 들어. 반이 잘려도 에스 라인이 살았어요.
34	A/V-아/어/여서	생략하기	너무 예뻐서. 고마워요. 고사리 손으로 예쁜 대본 써줘서….
35	A/V-아/어/여지다	발견하기	젊어지셨어요. 예뻐지셨어요.
36	A(으)ㄴ/V-는데(요)	감탄하기	아주 좋은데요. 오, 매너 좋은데? 난 엄마 닮았다는 게 자랑스러운데?
37	V-기 좋다 V-기 A-아/어/여서 V-기 A-(으)ㄴ데요	느낌말하기	멋지게 활동하는 모습이 참 보기 좋 습니다. 지영 씨 먹는 모습이 보기 좋아서. 보기 좋은데요?
38	잘 V-세요/잘 V-ㄴ/는다	인정하기	중국어 정말 잘 하세요./말 잘 듣는다.
39	뭘 V-아/어도 A-아/어/여(요)	인정하기	뭘 V-아/어도 A-아/어/여(요)
40	V-(으)ㄹ 거야	인정하기	정우 너는 자기 식구들 고생은 안 시킬 거야. 넌 어디서나 예쁨 받을 거야.
41	V-(으)ㄹ 게(요)	인정하기	네 실력, 네 열정 다 인정할게.
42	V-(으)ㄹ 만하다 역시 V-(으)ㄹ만 하네(요)	인정하기	믿을 만하다. 역시 제가 존경할 만하시네요.
45	V-고 싶다	인정하기	본받고 싶어요.
46	V-기 좋다	인정하기	멋지게 활동하는 모습이 참 보기 좋 습니다.
47	V-지(요)	확신하기	살 빠졌지?
48	역시~은/는 N이에요	인정하기	역시 당신은 어떻게 돈을 쓰는 게 잘 쓰는 건지 아는 분이세요.
49	V-니까 잘 V-(으)세요	발견하기	선배님 머리 자르시니까 잘 어울리세요.
50	안 A-아/어/여(요)	인정하기	우리 형은 안 시시해.
51	안 V-다니까	인정하기	너 아니면 이 집은 안 된다니까!
52	아이고 A-아/어/여라	감탄하기	아유, 예뻐라.
53	언제 봐도 A-아/어/여 보이다	느낌말하기	언제 봬도 건강하시고 젊어 보이세요.
54	역시~이/가 제일 A/V 역시 A-아/어/여(요)	인정하기	역시 사돈이 해준 순댓국이 제일 맛있어. 역시 오윤아 멋있어!

번호	표현문형	문형별 유형	예문
55	이래서 A-다/이래서 A-다니까	이유대기	이래서 난 네가 예쁘다. 내가 이래서 서작가가 좋다니까.
57	너무 A-다 너무 A-았/었/였던데(요) 너무 A-고 A-아/어/여(요)	인정하기	머릿결 너무 좋다. 너무 재밌던데요? 너무 포근하고 좋아요
58	V-(으)ㄹ려야 -(으)ㄹ 수가 없다	인정하기	미워하려야 미워할 수가 없는 애야.
59	N이/가 장난이 아니던데(요)	발견하기	포스가 장난 아니던데?
60	V-았/었/였으면 얼마나 A-(으)ㄹ까?	희망말하기	너 같은 딸 하나 더 있었으면 얼마나 좋을까?
61	V-지 그랬어?	발견하기	너 작가지 그랬어?
62	(그렇게) A-(으)냐?	질문하기	넌 누굴 닮아 그렇게 성격이 좋냐?
63	어떻게 그렇게 (N)을/를N 같냐? 어쩜 이렇게~N이에요?	발견하기	기범아. 어떻게 그렇게 (N)을/를한 걸 같으냐? 어쩜 머리카락이 이렇게 밍크털이에요?
64	어쩜 그렇게 잘하세요? 어떻게 그렇게 (N)을/를 잘하셨어(요)? 어떻게 이렇게 A-아/어/여(요)	감탄하기	어쩜 이렇게 아름다우시고, 말씀도 어쩜 그렇게 잘하세요? 어떻게 그렇게 공부를 잘하셨어요? 어떻게 이렇게 예뻐.
65	이렇게 A-아/어/여도 되나?	감탄하기	와- 작가가 이렇게 예뻐도 되나?
66	왜 이렇게 A-아/어/여(요)?	발견하기	성격이 왜 이렇게 좋아?
67	이런 것도 V-(으)ㄹ 줄 알아(요)? 이런 것도 V-(으)ㄹ 수 있어? 어떻게 이렇게 V-(으)ㄹ 수 있어(요)?	발견하기 질문하기	우와. 너 이런 것도 할 줄 알아? 이런 것도 할 수 있어? 어떻게 이렇게 생각할 수 있어?
68	시집가도 되겠다	판단하기	시집가도 되겠다.
69	그런 (A-ㄴ/은) 생각을 다 하다	느낌말하기	그런 (기특한) 생각을 다 했구나.
70	N은/는 시집가서 잘 살 거야	인정하기	시집가서(결혼해서) 잘 살 거야.

한국 칭찬어에서 표현문형을 추출한 결과는 다음과 같다. 분석자료 칭찬어 문장 325개 가운데 본 장의 연구 대상이 되는 문형으로 70개의 표현문형52)을 추출하였다. 분석 결과를 구체적으로 살펴보면 다음과 같다.53)

---

52) 표현문형의 분석 자료는 문장성분에서 도출한 분석 자료의 수치와 같다. 표 5에서는 70개의 문형만 제시되었지만 분석 자료에 따라 문형의 수는 더 늘어날 수 있다.

53) 이상 위에서 추출된 한국어 칭찬어 표현문형은 아직 몇 단계의 확인 과정이 필요하다. 용언과

1) 표현문형 추출

70개의 한국 칭찬어 표현문형 가운데 자주 출현하는 표현문형을 찾아낼 수 있었는데 출현 빈도가 높은 순으로 표현문형의 사용 빈도가 가장 높은 것 상위 10개를 정리해 보았다.

<표 6> 한국 칭찬어 표현문형 사용 빈도표

번호	문형	사용횟수	빈도
1	(부사어)A-다[54]	54	16.62%
2	(부사어)A-아/어/여(요)[55]	43	13.23%
3	(부사어)A-네(요)[56]	27	8.31%
4	(부사어)V-아/어/여(요)[57]	27	8.31%
5	(부사어)N(이)다[58]	18	5.54%
6	(부사어)V-ㄴ/는다	12	3.69%
7	(부사어)V-네(요)[59]	12	3.69%
8	(부사어)A-(으)ㄴ데(요)	12	3.69%
9	(관형어)N-(이)다	10	3.08%
10	(부사어)V-구나	10	3.08%

위의 표에서 나타난 것과 같이 긍정적인 의미를 나타내는 칭찬 화행에서 가장 많이 사용되는 표현문형은 'A-다' 형태로 문장에서 단독으로 사용되거나 문장 내 다른 문법 성분과 결합해서 사용되고 있었다. 또한 2위와 3위도 각각 'A-아/어/여(요)', 'A-네(요)'로 모두 형

수식어와의 관계와 어미별 분류, 또 분석자료 중의 사용빈도와 주로 사용하는 연령층 등과 칭찬 주제에 따른 칭찬 표현문형의 취사선택 여부도 더 연구되어야 할 것이다.

54) 부사 '너무', '더', '제일', '진짜' 등과 결합하는 문형을 포함한 개수이다.

55) 부사 '제일', '정말', '너무' 등과 결합한 문형을 포함한 개수이다.

56) N보다 A-네(요)를 포함한 개수이다.

57) 'V-았/었/었어(요)', 'V-(으)세요'를 포함한 개수이다.

58) 'N입니다, N이에요, N(이)야, N(이)다, 역시~N(이)다' 등을 포함한 개수이다.

59) 'V-았/었/였네(요)'를 포함한 개수이다.

용사 서술어가 높게 사용되었다. 다음으로 'N(이)다'가 많이 사용되었는데 단독으로 사용되거나 부사어의 수식을 받기도 하지만 주로 형용사나 형용사구, 동사구 등이 중심 명사를 수식해서 '어떠어떠한 N'의 형태로 상대방이 긍정적인 인물임을 칭찬하고 있었다. 위의 결과에서 알 수 있듯이 전체 형용사 서술어문의 사용 점유 비율은 적어도 43.3% 이상이 된다. 이는 칭찬 화행에서 형용사의 활용이 매우 활발하다는 것을 말해준다. 형용사가 칭찬에 자주 사용되는 경우는 한국어 칭찬 화행뿐만 아니라 다른 언어에서도 보편적으로 나타나는 현상이므로[60] 형용사 칭찬어 문형학습은 별도의 훈련을 통하지 않고도 쉽게 학습할 수 있다.

좀 더 효과적으로 학습자의 학습효과를 높이고자 한다면 한국어 교수활동에서 자주 사용하는 고빈도 칭찬어 문형을 학습자들에게 제시하고 형용사 기본형과 평서형 어미, 감탄형 어미를 사용해서 칭찬발화를 학습하도록 구성할 수 있을 것이다. 다만 한국어 칭찬화행에서 연령과 직위 등에 따라 종결어미를 다르게 쓰고 있다는 것을 인지시키는 것이 중요하다.

2) 표현문형 특징

가. 형용사와 동사가 대응쌍으로 나타나는 표현문형

형용사는 부사의 수식 없이 칭찬의 의미로 직접 서술어로 사용되지만 동사 서술어를 사용해서 칭찬을 할 때 대부분 부사 '잘'과 결

---

60) Manes & Wolfson(1981:117)의 연구에 따르면 영어 칭찬어에서 사용되는 형용사 비율이 nice 29%, good 19.6%, pretty 9.7%, beautiful 9.2%, great 6.2% 라고 한다. 본서의 조사에서도 한국어 칭찬어에 예쁘다류(예쁘다, 예뻐. 이쁘다, 이뻐 등)가 16%, 좋다류(좋다, 좋은, 좋네 등)가 15%, 멋지다류(멋지다, 멋있다 멋진 등)가 7% 등으로 나타났다.

합해서 '잘+동사(V)'의 형태로 사용한다. 부사 '잘'은 바르고, 곧다는 좋은 의미를 가지고 있기 때문에 일반 동사와 함께 결합하면 그 동작을 잘 한다는 의미가 되어 칭찬어가 될 수 있다. 그런데 '잘+동사(V)'의 형태는 대개 형용사와 쌍으로 나타나는데 형용사와 동사가 대응쌍으로 나타나는 칭찬문형을 도표로 나타내면 아래와 같다.[61]

<표 7> 형용사와 동사에서 모두 사용되는 칭찬 표현문형 예문

문형	형용사	동사
-구나	A-구나	(잘)+V-는구나
-고	A-고	(잘)+V-고
-구나	A-구나	(잘)+V-는구나
-네(요)	A-네(요)	(잘)+V-네(요)
-다	A-다	(잘)+V-ㄴ/는다
-다고	A-다고	(잘)+V-다고
-다니까	A-다니까	(잘)+V-ㄴ/는다니까
-(으)ㄴ데(요)	A-(으)ㄴ데(요)	(잘)+V-는데요
-던데(요)	A-던데(요)	(잘)+V-던데(요)
-아/어/여(요)	A-아/어/여(요)	(잘)+V-아/어/여(요)
-아/어/여지다	A-아/어/여지다	V-아/어/여지다

나. 형용사만 가능한 문형

A-아/어/여 보인다

이 문형은 교수·학습 과정에서 별도로 명시적 교육이 필요한 표현문형이다. 첫째 동사와의 호환이 이루어지지 않는다는 면에서 주의를 요하는 부분이 되기도 하고 대조분석의 차원에서도 주의를 요

61) 이와 유사한 더 많은 표현문형이 있을 수 있으나 여기에서는 분석 자료에서 비슷한 유형만 제시하였다.

하는 부분이 된다. 이 표현문형은 칭찬 화행에서 매우 자주 사용하는 전형적인 표현이다. 특별히 한국어에서 '~ 보이다'와 같은 표현은 자신의 생각을 표현하는 것으로 비교적 간접적이고 완곡적인 표현으로 사용된다. 중국어의 '看起来, 我看, 没想到' 등과 비슷한 의미다. 중국인 학습자들이 한국어 칭찬 화행에서 모국어의 간섭에 영향을 받아 그 쓰임에서 혼동을 가지고 올 가능성이 크다.

다. 동사만 가능한 문형

V-고 싶다

희망이나 바람, 목표 등을 나타낼 때 사용하는 문형으로 칭찬화행에서는 칭찬 대상의 좋은 점(성격, 능력, 환경 등)을 부러워함과 동시에 성취하고자 하는 목표나 바람이 되어 청자의 기분을 좋게 해주는 칭찬 기능을 한다.

라. 부사와 함께 쓰는 경우
'역시'를 사용하여 칭찬의 뜻을 표현하는 문형이 많았다. '역시'를 사용함으로써 칭찬의 뜻을 강조한다. '역시'는 칭찬의 의미로 쓰일 때 긍정적 의미를 갖는 형용사, 명사 등 품사와 결합하여 사용된다.

역시 + N : 역시 당신은 어떻게 돈을 쓰는 게 잘 쓰는 건지 아는 분이세요.
역시 + A : 역시 사돈이 해준 순댓국이 제일 맛있어.

상대를 완전히 긍정하면서 칭찬하는 경우 부사 '뭘+V'형식으로 사용한다.

　　뭘 V-아/어/여도 A
　　뭘 해도 A/V-(으)ㄹ거야

　마. 비교 표현을 사용하여 칭찬의 의미를 나타낼 수 있다.

　　N이/가 N보다 더 낫다
　　N만큼이나 A/V-아/어/여요
　　N할 때가 제일 A

　바. 비유의 방법으로 칭찬의 의미를 나타낼 수 있다.62)

　　N답다
　　진짜 N같다

　이런 비유적 칭찬은 잘못 사용하면 상대를 비하하는 예가 될 수
있다. 그러나 의사소통 과정에서 대화 당사자 간의 언어 환경으로
미루어 긍정의 의미를 담은 비유적 표현이라는 것을 전제할 때 자주
사용되는 문형이다.

　사. 감탄을 나타내는 문형 표현을 칭찬에 사용할 수 있다.

　　A-(으)ㄴ데/ V-는데
　　A-구나 V/는구나63)

---

62) 물론 이러한 표현은 상대를 낮추거나 놀릴 때도 사용하지만 함께 사용하는 어휘가 긍정적인
　　경우만을 전제로 한다.

A-냐
A-(으)ㄴ걸

아. 감탄사와 더불어 사용하면 화자의 놀라움이 더해져 칭찬에 강조 의미가 더해진다.

　오, 멋진데.
　와! 색깔 예쁘다.

자. 일반적인 상황에서는 칭찬어 표현으로 사용하지 않지만 상대의 모습이 평소와 다른 것을 알아채고 멋있다는 의미로 발화할 경우 이 문장은 비교적 고정적인 칭찬표현이 된다. 그러나 목표어의 사회적 상호작용에 대해 익숙하지 않은 학습자에게 이러한 칭찬을 할 경우 상황을 난처하게 만들 수 있다.

　오늘 어디가세요?
　뭐야. 너 오늘 소개팅하는구나.

차. 개인의 발화 습관에 따라서 발화가 두 번 이어지는 경우가 있다.

　예뻐! 예뻐!
　최고야 최고.
　잘했다. 잘했어.
　귀여워! 귀여워!

---

63) '-구나'는 연장자가 자신보다 어리거나 지위가 낮을 경우 주로 사용한다. 그러나 감탄의 경우 1:1 환경에서 칭찬으로 사용하면 어색하다.

카. 통어적 특징으로 표현의 전체 의미가 칭찬의 의미를 나타내는 경우도 있다.

> 넥타이가 인물을 못 따라가네.
> 시집가도 되겠다.

타. 화제에 따라 칭찬으로 표현하는 특별한 관용구가 있다.[64]

> 능력: 제법이다.
> 성격: 넌 어디서나 예쁨 받을 거야.
> 결혼: 시집가서 잘 살 거야.
> 기타: (포스가) 장난이 아니던데요.

파. 실제 자료에서는 '-라고 생각해', '-것 같아요' 등 간접표현이 함께 사용되는 경우가 많이 있다.

> 정말 보기 좋은 것 같아요.
> 괜찮은 애라고 생각해.

하. 종결어미가 아닌 연결어미로 끝나는 예가 있다.

> 지영 씨 먹는 모습이 보기 좋아서.
> 민주 너도 언제 봐도 기분 좋고.

---

64) 본 연구의 분석 자료에서는 많이 추출되지 않았지만 선행연구 자료에서 여러 가지 예문을 찾을 수 있었다. 특별히 음식에 관한 관용구는 선행연구 자료에서 많이 나타났다. 음식: "바로 이 맛이야. 모양이랑 냄새랑 제대로다. 맛이 끝내준다." 외모: "진짜 남자다우신 거 같아요. 소녀시군요" 등이다. 또 관용적 표현에서 성별을 따로 구별해서 사용하는 표현을 많이 볼 수 있는데 예를 들어 "나이를 거꾸로 먹는 거 같다." "진짜 남자다우신 거 같아요." "여성스러워요."와 같은 표현들이 있다. (전지원 2005:81-113 참고)

3) 표현문형 사용 제약

가. 질문의 유형으로 사용되는 표현문형이 있다.

이 경우 평서형 문장으로 사용하지 않고 감탄형이나 질문형식으로 상대를 칭찬한다. 이때 상대방은 이러한 질문 유형에 꼭 대답을 하지 않아도 된다.[65] 칭찬을 위한 질문이기 때문에 화자도 질문에 답을 원하지 않는다. 발화의 표층 의미만을 이해해서 대답할 경우 칭찬의 의미가 오히려 사라질 수 있다.

> 어쩜 그렇게 A/V-아/어/여(요)?
> 어쩜 이렇게 A/V-(으)ㄹ까(요)?
> 어쩌면 그렇게 (N을/를) 잘하세요?
> 왜 그렇게 잘해?

나. 결합하는 서술어 성분에 제약을 주는 표현문형이 있다.

이 경우는 칭찬 화행의 표현문형으로 사용할 경우 서술어는 대부분 부정적인 심리동사가 와야 한다.

> (으)ㄹ려야 (으)ㄹ 수가 없는 N이다

다. 특정한 사회적 변인 안에서만 사용되는 표현이 있다.

> A-구나
> 아이고 A-아/어/여라
> A-군요 V-는군요

---

65) 질문형식의 또 다른 표현으로 "이번 토익 900넘었다면서요?"처럼 다른 사람에게 들은 좋은 소식을 본인에게 다시 되물으면서 동시에 상대방을 칭찬하는 경우도 있었다. 그러나 이 표현은 상황에 따라 칭찬기능을 하기는 하지만 이 발화 뒤에 사실의 진위가 판단되면 대부분 "와~ 대단하다"와 같은 직접적인 칭찬발화가 따르게 되기 때문에 본 연구에서는 이 표현을 직접적인 칭찬표현으로 추출하지 않았다.

이러한 표현문형은 비교적 화자가 나이가 많을 때 사용한다.[66] 물론 'A-구나'와 같은 경우 몰랐던 사실을 알게 되었을 때라면 젊은 사람들도 사용할 수 있다. (너 공부 잘하는구나.)

4) 어휘특징

가. 긍정적인 어휘들만 사용된다.

칭찬 화행에서는 대부분 긍정적인 의미를 나타내는 형용사[67]와 일반 종결어미가 결합하여 칭찬을 표현한다. 부정의 의미를 가진 단어는 잘 사용되지 않았다.

아래는 분석 자료에 나타난 칭찬에서 자주 사용되는 형용사의 예이다.[68]

> 괜찮다/귀엽다/근사하다/기특하다/대단하다/멋있다/좋다/재미있다/
> 예쁘다/잘했다/장하다/똑똑하다/유능하다/한결같다

나. 명사만으로 칭찬의 표현을 할 수 있다.

명사 서술어가 칭찬어로 사용되는 경우가 있는데 이때 사용하는 명사는 대부분 긍정적인 의미를 갖는 것이 주로 사용된다. 또 명사 서술어는 접사와 함께 결합되어 사용되어 더욱 그러한 성질이나 특징이 있음을 더하고 명사를 형용사화 한다. 또 어떤 명사는 부사의

---

66) 이번 자료 조사에서는 추출되지 않았지만 "A-기도 하지" 역시 연장자가 상대를 칭찬할 때 자주 사용하는 표현 문형이다. 예: 기특하기도 하지.

67) 칭찬어휘는 친소관계나 사회적 지위, 나이 연령의 구분 없이 사용된다. 또 대부분 긍정적인 의미를 갖는 형용사가 많고 그렇지 않을 경우 전체 문장의 의미로 칭찬의 의미를 나타낸다.

68) 이외에도 긍정적인 의미를 가진 형용사는 대부분 칭찬에 사용할 수 있으므로 국립국어원에서 제공하는 <한국어 학습용 어휘목록>에서 칭찬어에 자주 사용되는 어휘를 따로 정리하여 학습자들에게 제공하는 방법도 생각해볼 수 있다.

수식을 받아 그 의미를 더욱 확실히 하는 경우가 있다.

> 전천후야/ 고품격이야/ 제법이다.
> 최수빈답다.
> (역시) 최고야/(역시) 너야.

다. 어휘사용에 시대성이 나타난다.

① 일반적으로 화자의 변인에 따라 어휘의 사용도 다른데 연령이 높은 사람들은 고어투 표현을 자연스럽게 사용했다.

> 곱다.
> 기특하다.[69]

본 연구의 예문에서는 '곱다'나 '기특하네'만 추출되었으나 전지원(2005)[70]의 예문을 보면 "천상 여자다*", "청초해 보이네요.*"등의 표현이 연령이 높은 남성들이 상대 여성을 칭찬할 때 사용하는 표현으로 등장한다.

② 상대적으로 연령이 높은 사람을 칭찬하는 어휘가 있다.

> 아직 정정하시네요.
> 언제 봬도 건강하시고 젊어보이세요.

---

69) '기특하다'의 경우 화자의 사용제약에 주의해야 한다. 주로 연장자가 어린사람에게 사용한다는 제약이 있다.

70) 이번 분석 자료에서는 많이 찾을 수 없었지만 일부 관용적인 표현으로 칭찬을 나타낼 수 있다. *의 표시는 본 연구의 분석 자료에는 없는 예문으로 필요에 의해 선행연구 자료(전지원 2005:81-113)에서 가져온 예문이다.

③ 젊은이들이 사용하는 신조어를 사용해서 칭찬 의미를 나타내는 예가 있다.

아빠 짱 멋있어.

④ 외래어를 그대로 칭찬 화행에서 사용하고 있다. 현대 한국어에서 외래어의 비율이 높아지고 젊은이들 사이에 외국어를 한국어와 혼용하여 사용하거나 아예 외국어만을 사용하는 경우도 있는데 이러한 현상은 이번 칭찬 화행 분석에서도 볼 수 있다. 그러나 ⓑ계열처럼 영어 문장을 사용한 경우는 통계에서 제외하였다.

ⓐ 디테일도 살아있고/포스가 장난이 아닌데/트레이닝복 참 예뻐요.
ⓑ 오! 굿! 굿!/ You are so beautiful!

의사소통 상황에서 한 사람이 한 번의 이야기를 시작할 때 연속발화를 하는 경우가 있는데 칭찬의 경우도 제1발화와 제2발화, 제3발화가 연속적으로 일어날 때 칭찬이 연속적으로 일어나는 경우도 있고 제1 혹은 제2발화가 칭찬을 이끄는 유도발화가 있을 수 있다. 특히 질문형식의 칭찬 화행은 그 자체가 칭찬의 의미를 가지고 있는 경우도 있지만 제1, 혹은 제2발화에서 칭찬어를 사용할 가능성이 전제되어 있는 경우가 많다.

예를 들어 칭찬할 때 "성격이 왜 이렇게 좋아?"처럼 질문형식으로 칭찬이 가능한 경우도 있지만 "이런 것도 할 수 있어?", "와 작가가 이렇게 예뻐도 되나?"라고도 할 수 있는데 이러한 칭찬어는 선발화,

혹은 후발화에 칭찬어를 동반하는 것이 일반적이다. "와, 대단하다. 이런 것도 할 수 있어?", "와 작가가 이렇게 예뻐도 되나? 서 작가 맞아?" 등이다. 전자의 경우 질문이지만 실제적인 대답을 요구하는 질문은 아니다. 다만 질문의 형식을 취해 상대의 좋은 점을 발견했다는 의미와 함께 상대를 더 강하게 인정한다는 의미로 사용할 수 있다.

그러나 후자의 경우는 질문이라기보다 1차 혹은 2차 발화에서 칭찬어를 사용하겠다는 표지로 이용될 수 있다. 이러한 형식의 칭찬은 외국인들이 이해하기 어려운 칭찬표현이 될 수 있어 더욱 연구가 필요하다.

5.2 중국 칭찬어 표현문형

이곳에서는 중국어 칭찬 표현문형을 살펴보도록 한다. 중국어 칭찬 원천자료 331개 발화에서 드라마 164개, DCT 205개, 전체 404개의 표현문형을 찾아내었다. 우선 표현 유형을 보이면 다음과 같다.

<표 8> 중국어 칭찬어 표현문형

번호	표현문형	유형	예문[71]
1	A+死+了	강조하기	你可爱死了。
2	不管+~都+太+A+了	인정하기	您不管教学和样貌都太好了。
3	都+这么+A+呀	감탄하기	你对朋友都这么义气呀。
4	我+特+佩服+你~	감탄하기	我特佩服你的勇气，什么时候都那么勇敢，相当自信。
5	我+看你~，真的+很+A	발견하기	刘恋我今天看你在裔天面前落落大方的样子，我真的很高兴。

번호	표현문형	유형	예문[71]
6	也可以+V+得+很+好+啊	인정하기	你也可以做的很好啊。
7	听说+你+很+V+N	확인하기	听说你很擅长XX。
8	真+好+V 把+N+V+得+这么+A	감탄하기	你的脑袋瓜子真好使, 可以把这种数学学术上的东西分析地这么透彻。
9	给我的+N+真的+很+好+V	인정하기	你给我的卸妆油真的很好用。
10	绝对+A, 一级+A	인정하기 강조하기	要我说绝对好, 一级棒!
11	说是+~可是+~V+得+A 有+N+吧	감탄하기 발견하기	哎!李总, 我冒昧地问一句, 你当了董事长眼界大开啊!　说是不懂电脑游戏可是连上网收费都了解得清清楚楚。公司有高人吧。
12	V+得+很+A, N+A	인정하기	学得很快, 进步大。
13	N+A, N+A N+A1+A2 N+A1+A2+A3+A4	나열하기	性格好, 打扮时尚。 工作认真、仔细。 那太多了。你善良, 快乐, 勇敢, 大方, 乐于助人。
14	好+A+啊, V+得+A	발견하기 인정하기	好香啊, 做得不错。
15	还有+N 还有+N+这么+N 挺+有+N+的	진술하기 인정하기	你的衣服还有魅力。 当然了, 还有你这么好的朋友。 那你挺有天分的。
16	真是+越A, 就+越+V+N 真的+V+很+A+啊	강조하기	我真是跟你处的时间越长, 我就越尊敬你。 看着你为自己的理想不断努力　我真的感到很钦佩啊
17	真的没想到, 原来+N+这么样+V, 看来我没看错人。 没想到+你+挺+A+的 没想到+你+这么+A 没想到+你+这么+A+啊 没想到+还+真+有+两下子 真+A, 没想到+你+还有+这么一手 想不到+~还会+~ 想不到+N+还会+V+N 真+看不出+你~	발견하기	真的没想到, 我老婆原来这么样为别人着想, 看来我没看错人。 哎!没想到你还是挺幽默的吗? 没想到今天你这么勇敢! 康平没想到你这么有意思啊! 没想到夏老师平时挺文静的, 还真有两下子。 齐叔, 真不错没想到你还有这么一手。 好吃, 想不到我们晓辉还会做洋面条。 康平真看不出你还会做菜呢。

---

71) 원문에는 문장부호가 없어 중국어 원어민 화자와 상의해서 임의로 수정하였다.

번호	표현문형	유형	예문71)
18	真+好+V 真+A 真+A+啊 还+真+A 真+A, 跟+N+A 真+A, 什么+都+V 真+A, 你+真+有+N 好+A, 真+A 真够+A+啊, 可+真+A+啊	강조하기	你的脑袋瓜子真好使。 真帅! 真香啊! 你遷真热心。 您真年轻, 跟年龄一点都不相等。 你个子真高, 你什么都懂。 这件衣服真不错, 你真有眼光。 好可爱, 真漂亮! 真够香的, 可真香啊!
19	没+N+V+得+A 没+V过+像样的+N 从来没有人, 像+你这么+A+~+ 那么+A 没有+N+不知道+的	인정하기	飞儿老师, 我的舞蹈的确没你跳得好, 咱们再去比点别的怎样? 我来上海还没吃过一顿像样的早餐呢, 不是稀饭就是烙饼。 以前, 从来没有人象你这么恳切地站在我的立场替我想得那么多的。 没有您不知道的
20	A+啊, 还+挺+会+V+的 A+嘛	발견하기 인정하기	你这人不坏啊。还挺会安慰鼓励人的。 臭小子, 不错嘛!
21	什么时候+都+那么+A 什么时候+也+V+我~	인정하기 요청하기	我特佩服你的勇气, 什么时候都那么勇敢, 相当自信。 林晖, 什么时候也教教我学怎么化妆呀。
22	看起来+真+A 看得出来+你+平时+V+不少 看不出来+你+还+挺+V+的+嘛	생각말하기	看起来真年轻 看的出来你平时做了不少功课。 看不出来, 你还挺敬业的嘛。
23	肯定+好 肯定+V+~吧?	확신하기 인정하기	肯定好, 一看就知道你手艺很好, 你这么听话, 你家长肯定特放心你吧?
24	挺+A+的 挺+A+的+嘛	감탄하기	挺可爱的嘛!
25	从来+没有+V过+N	감탄하기	哇! 我从来没有看过这么精彩的武打设计。
26	好+A 好+A+呀	감탄하기	好可爱! 你今天好漂亮呀!
27	完全+A, A	인정하기	完全正确。不错。
	好+A, 比+~还+A 很+A, N+不一般 你和+~比起来, 那不是+A多了	비교하기 인정하기	好漂亮, 比咱们戏里定做的戲装還漂亮。 你很时尚, 穿着打扮不一般。 你和沈伊婷比起来, 那不是年轻漂亮多了。
28	像+N, 都+会+V+的	비교하기	像你这样的身高, 每个女孩都会喜欢的

번호	표현문형	유형	예문71)
29	V+得+很+A V+得+很+A V+得+很+A+啊 V+得+真+A V+得+真+A+耶 V+得+这么+A V+得+怎么+这么+A V+得+A+嘛 V+得+A V+得+好+A V+得+A, V+得+A V+得+A, V+得+A 居然+V+得+这么+A 跟您+V+很+A	인정하기 느낌말하기	教得很好。 长得很漂亮。 你长得很漂亮啊! 你懂得真多。 楊經理 妳猜的真準耶。 你怎么这么有能力，把事情做得这么完美 你化妆化得怎么这么好 长得不错嘛! 你穿得好可爱。 你做得好，干得好。 长得好看、穿得好看。 居然做的这么好。 跟您学到很多。
30	很+A 很+A, 很+A 很+A, 很+V 很+A1, A2 很+A, 很+有+N, 也+很+A	느낌말하기	你很聪明。 很严厉很和谐。 很乖、很听话。 你学习很努力 、认真。 你的企划很精彩也很有创意， 我也很钦佩。
31	有+N, 有+N, 真的+V+N 有+N+更+A, 这么+有+N	판단하기	你有魄力、有能力，而且事实证明你真的能干大事。 有气质的女人更魅力， 而且这么有亲和力，根本找不出对这样的女人视而不见的。
32	如果+没有+你- 要是+你+V, 肯定+A	가정하기	如果没有你，我真不知道能不能把游戏做出来。 要是你去演，肯定好。
33	变+得+越来越+A+了 变+A+了，越来越+A+了 越来越+像+N+了	발견하기	老师，最近变得越来越漂亮。了 老师最近身材变好了，皮肤也好了，越来越年轻了。 小余你越来越像热血青年了。
34	太+A+了 太+V+N+了	감탄하기 설명하기	太美了。 太崇拜你了。
35	我+相信+你, 肯定+A 我+可+喜欢+V+你- 我+最+喜欢+你-, 像+N 我+就+喜欢+V+你-	생각말하기	裔天我相信你，你肯定能行。 嗯，我可喜欢看您演的戏了。 我最喜欢你不做明星的时候，像个邻家女孩那么可爱 我就喜欢看你这样跳。
36	超+A+的	발견하기	喂，你今天超可爱的。
37	好像+N 像+N+一样	느낌말하기	老师最近身体好像很好的样子。 像亲姐姐一样

번호	표현문형	유형	예문71)
38	果然+是+N, N+就是不一样 果然+名不虚传	인정하기	古老师果然是教语文的, 文学造诣就是不一样。 上海男人果然名不虚传。
39	都+V+啊	인정하기	这个你都知道啊!
40	挺+N+的 挺+N+的嘛 挺+A+的, 你看+N1+N2+都+ 挺+V+你+的	인정하기	你挺男人的。 挺精神的嘛! 挺合适的, 你看颜色款式都挺衬你的吗。
41	那么+A+呀, 真+A	감탄하기	那么厉害呀!真棒!
42	真的+是+个+N	인정하기	你真的是个公平的人。
43	最+A+了, 真是+太+A+了	인정하기	这个最好吃了。 真是太好了。
44	我觉得+你-	느낌말하기	这段日子以来, 我觉得你让我成熟了不少。 我真的谢谢你, 你对我的好意。
45	这么+A+啊, 太+A+了 这么+A, 这么+A 这么+A+N, 都+会+百看不厌 这么+A+呀 你+V+得+怎么+这么+A	감탄하기	哦, 这么厉害啊。太了不起了。 每天都这么精神焕发的, 这么自信, 应该是每个成功男人的魅力所在吧。 这么漂亮的脸蛋儿, 谁都会百看不厌。 这么漂亮呀! 你化妆化得怎么这么好!
46	实在+是+- 简直+是+- 简直+太+A+了	인정하기	你实在是一个温柔的人。 我简直是身临其境。 裔天你简直太棒了。
47	怎么+变+A+了 怎么+这么+有+N 怎么+这么+A 怎么+V+那么+A 怎么+V+得+这么+A 真的+变+A+了	발견하기	你怎么变聪明了。 你怎么这么有能力, 把事情做得这么完美。 你怎么一直都这么年轻。 高老师你一个单身男人怎么懂那么多煮饭的事情啊! 你怎么长的这么漂亮! 真的变漂亮了。
48	你+人+真+A, 对N+很+A	인정하기	老师, 你人真好, 对学生很关心
49	没+N+V+得+A	비교하기	飞儿老师, 我的舞蹈是没你跳得好, 咱们再去比别的怎样?
50	更+V+呀 好好+V	격려하기	你要更加油呀! 好, 有前途。好好干!

　표 8은 드라마 자료와 DCT 자료에서 분석된 표현문형들을 중심으로 칭찬유형을 분류한 것이다.72) 중국어는 한국어와 달리 종결형

---

72) 이번 연구에서 50개의 문형만 추출하였지만 세부 표현문형은 그 수가 더 많다.(부록2 참고)

어미로 문형을 추출할 수 없지만, 칭찬어 발화의 특징을 살펴 고정적인 틀을 찾아낼 수는 있었다. 본고는 이러한 틀을 우선 한국어 표현문형의 이름을 빌어 중국 칭찬어 표현문형이라 칭하기로 한다. 중국 칭찬어 문장 분석에서 추출한 중국 칭찬어 표현문형들을 살펴보자.

1) 표현문형 추출

<표 9> 중국어 칭찬어 표현문형 사용 빈도표

번호	표현문형	사용횟수	빈도
1	真+A	54	13%
2	很+A	47	12%
3	V+得+(很 / 真/好 / 挺)+A	41	10%
4	好+A	25	6%
5	这么 / 那么+A / V	23	6%
6	A	24	6%
7	太+A+了	19	5%
8	挺+A / N / V+的	18	4%
9	我觉得+你+~	13	3%
10	越来越+A / V	11	3%

표 9에서는 상위 10개만 제시하였다. 중국어 칭찬에서 가장 많이 사용된 문장 구조는 '부사어+술어'이다. 그 가운데 부사어와 형용사의 직접 결합으로 사용된 칭찬어가 상당수를 차지한다. 위의 표에서도 확인할 수 있듯이 '真+A', '很+A', '好+A', '挺+A' 등이 높은 비율로 나타났다. 특히 '真+A' 형태가 54개로 가장 많이 나타났는데 보어로 사용된 예까지 합하면 60개가 훨씬 넘는다. 중국어 칭찬어에서 '真'류 부사가 많이 사용되는 이유는 어휘가 갖는 의미 때문이라 하겠다. 한국어에도 '아주 예쁘다'와 '진짜 예쁘다'의 느낌이 다른 것처

럼 '很+A'로도 충분히 칭찬의 의미를 담을 수 있지만 '很'은 주로 객관적 의미를 나타내는 일반 정도부사로 성질 형용사와 결합해서 정도를 나타낸다. 그러나 '真'은 상대적으로 주관적 의미가 강해 칭찬의 진의를 강조할 수 있다는 점에서 칭찬에 자주 사용된다고 하겠다.

위의 표 9에서도 확인할 수 있듯이 중국어 칭찬어에서도 형용사 술어문의 점유율은 대단히 높다. 전체 404개 칭찬어에서 234개 표현문형이 형용사 술어문이다. 이는 한국어 칭찬 화행에서 나타난 형용사 비율(43.3%)보다 다소 높은 57.9%로 중국어 칭찬어가 대부분 형용사에 기대어 발화되고 있다는 것을 나타낸다. 또 동사술어문으로 행해진 칭찬어를 살펴보면 성어나, 전고, 비유 등과 같이 품사를 직접 구별해 낼 수 없는 개별적인 몇 개의 문장을 제외하고 대부분 '是'와 '有', '变', '做' 등에 의해 이루어진다. 이러한 문장 성분의 차이 역시 학습에 어려움을 줄 수 있는 요소로 작용하기 때문에 교육 현장에서 이에 대한 명시적 교육이 이루어져야 할 것이다.

2) 표현문형 특징

가. 부사어+술어

형태적인 모습은 정도부사와 형용사를 결합하는 구조가 가장 많았고 부사와 동사를 결합하는 형태도 많이 볼 수 있었다. 그러나 동사의 경우 칭찬의 형태로 쓰일 때 보어를 동반하거나 '是+N', '有+N'처럼 긍정의 의미를 나타내는 명사를 동반하는 등 제약적 사용이 나타났다. 이번 연구 자료에서 칭찬어에 사용된 부사로는 真, 真的, 很, 最, 太, 超, 好, 蛮, 挺, 非常, 绝对, 更, 完全, 肯定, 简直 등이며 这么 / 那么, 不, 没 등도 형용사 혹은 동사를 수식하며 칭찬어로 사용되었다.

나. 독립어73)

본 연구에서 호칭어와 감탄사는 독립어로 분류하였다. 독립어는 칭찬어와 큰 관련이 없지만 본디 칭찬이란 일반적으로 상대의 어떤 모습이나 행동을 관찰한 후 자발적 반응으로 발화되는 것으로 감탄사의 출현은 매우 자연스러운 일이라 하겠다. 이외에도 중국어 칭찬어에서 주변발화 혹은 칭찬어 성분으로 청자의 주목을 끄는 '我说', '我想', '看起来', '没想到' '我觉得' 등이 자주 발견되었는데 이러한 표현은 문장의 서두에서 화자의 발화 내용을 완곡하게 해주는 담화 표지의 역할을 하기 때문에 칭찬화행이 성공적으로 진행될 수 있도록 돕는다. 그러나 본 연구에서는 이들을 문장 성분에 포함시켜 분석하도록 한다.

다. 부정구조를 사용하여 칭찬하는 경우

일반적으로 부정구조를 사용할 때는 대상을 완전 부정하거나 혹은 오히려 강조할 수 있는데 중국어 칭찬 화행에서 부정구조의 사용은 대부분 칭찬의 정도를 강조하는 데 사용하는 것으로 나타났다. 중국어 칭찬어에서 부정적 표현으로 긍정적 칭찬에 사용한 예는 24개로 이미 어휘화된 '不错'나 '没想到', '想不到' 등을 사용한 예와 부정 비

---

73) 허성도(2005)는 자신의 생각이나, 가설 등 문장 성분과 관련 없이 문장의 앞과 뒤에 나타나는 성분을 '삽입어'로 구분하였고, 黄伯荣·廖序东(2002)에서는 호칭, 감탄, 삽입어, 의성의태어 등을 모두 독립어의 하위 범주로 묶었다. 그러나 본 연구에서는 감탄사와 호칭어만을 독립어로 분류하기로 하고 세부 분류가 필요할 경우 『現代漢語』의 분류에 따르도록 한다. 허성도, 『현대중국어 어법의 이해』, 서울, 사람과 책, 2005, p.421. 黄伯荣.廖序东, 『現代漢語』, 北京, 高等教育出版社, 2002, p.104.

교를 통해 의미를 강조한 예가 그러하다. 비교문형으로 칭찬을 한 경우는 주로 자신을 낮추면서 상대를 칭찬하는 방법으로 사용하였다.

> 哎,没想到你还是挺幽默的吗!
> (아이고, 당신 아주 유머러스하네요!)
> 我从来没有看过这么精彩的武打设计。
> (나는 지금껏 이렇게 근사한 전사게임 설계를 본적이 없어요)
> 飞儿老师, 我的舞蹈的确没你跳得好, 咱们再去比点别的, 怎样?
> (페얼 선생님, 제가 확실히 선생님보다 춤을 잘 추지 못하네요.
> 우리 다른 것으로 시합하는 게 어떠세요?)

라. 비유나 비교의 칭찬 표현문형

칭찬어는 있는 상태의 것을 칭찬하는 경우도 있지만 비교우위를 가늠하여 더 좋은 것을 칭찬하는 경우도 있다. 이때 중국어 칭찬어도 A와 B를 비교하는 방법으로 칭찬하는 문장 구조와 비교해서 제일 어떠하다는 문장 구조로 칭찬하는 경우가 있다.

> 像+N一样
> 是+最+大+的
> 你+和+～比起来, A+多了
> 比+～还+A
> 没+N+V+得+A
> 没+V过+像样的+N
> 没有+像+这么+A+～+那么+A

마. 문말 어기조사를 통한 의미 강조

일반적으로 칭찬문장이라 할지라도 그 정도의 차이는 조금씩 다 있다. 그런데 문장 맨 뒤에 어기조사가 오게 되면 칭찬의 느낌을 더욱 확실하게 나타내준다. 따라서 어기조사를 사용할 때와 사용하지 않을 때의 칭찬의 차이가 생긴다. 첫 번째 문장은 상황에 따라 칭찬이 아닐 가능성이 있지만 어기조사가 있는 아래문장은 칭찬의 의미로만 쓰인다.

> 今天好漂亮。(오늘 아주 예뻐요.)
> 今天好漂亮呀!(오늘 아주 예쁘군요!)

바. 한 번의 말차례에서 다수의 칭찬어를 발화한다.

한 번 말차례에서 여러 칭찬어를 한꺼번에 발화하는 경우가 많이 보인다. 이는 동일한 의미의 말을 다르게 표현하는 화용적 관습이 형태적으로 나타난 것이다. 한국어 칭찬에서 "예쁘다 예뻐!"처럼 동일한 표현을 반복해서 말함으로 칭찬을 강조하는 것과는 다른 기능을 나타낸다. 또 칭찬의 경우 단순히 상대의 한 가지 점만을 이야기하기보다 복합적으로 여러 가지를 한꺼번에 다른 표현형식이나 동일 표현형식을 통해 나타내고 있다.[74]

> 好漂亮! 真的变漂亮了。好美! 真的。
> (아주 예뻐, 정말 예뻐졌어, 예쁘다. 정말)
> 老师最近身材变好了, 皮肤也好了, 越来越年轻了。
> (선생님 요즘 몸이 좋아지신 것 같아요. 피부도 좋아지셨고요, 갈수록 젊어지시네요.)

한 번의 말차례에 문장 구조는 비슷하지만 어휘만 다르게 한 문형도 많이 발견되었다. 이러한 문형표현은 중국어의 음율과 리듬의 흔

---

74) 박종환(2001)은 중국어 문장 구성의 특성은 동일한 주제에 대한 이야기라면 모두 하나의 마침표 안에 묶어버린다고 하였다. 박종환(2001), 『중국어 번역 테크닉』, 시사중국어문학원, 2001, p.153.

적이 고스란히 나타난다.

> 性格好，打扮时尚。(성격도 좋고 세련됐어요.)
> 要我说，绝对好一级棒!(완전 좋아요, 최고예요.)
> 那么厉害呀!真棒!(대단하다! 멋져요!)

사. 상대에 따른 어휘 선택

칭찬은 상대의 기분을 즐겁게 하는 기능도 가지고 있다. 그런데 사용한 어휘나 문법에 오류가 있다면 칭찬의 효과를 제대로 발휘했다고 할 수 없다. 한국어처럼 존경을 나타내는 종결어미나 존대어휘가 많이 사용되지는 않지만 중국어에서도 어른이 나이 어린 사람을 칭찬할 때와 지위가 낮은 사람이 지위가 높은 사람에게 사용하는 어휘가 나타났다.

> "好吃，想不到我们晓辉还会做洋面条。"
> (맛있다. 우리 샤오휘가 서양 국수를 만들 수 있는 줄을 몰랐구나.)

여기에서 '我们晓辉'는 한국어의 '우리~'와 같은 의미이다. 얼굴을 맞대는 상황에서 일대일 칭찬을 할 경우 이런 표현을 쓰는 경우는 드물지만 나이가 많은 집안 어른은 자녀에게 이렇게 표현할 수 있다.

> "哎! 李总，我冒昧地问一句，你当了董事长眼界大开啊! 说是不懂电脑游戏可是连上网收费都了解得清清楚楚. 公司里另有高人吧。"
> (저, 리 사장님. 제가 주제넘지만 한 말씀 여쭐게요. 사장님이 이사장님이 되신 후 안목이 넓어지신 것 같아요. 컴퓨터 게임을 모른다고 하시지만 인터넷 요금과 같은 것도 아주 잘 알고 계시잖아요. 회사에 고수가 계시는 거지요?)

이곳에서는 '我冒昧地问一句'라는 표현이 하급자가 상급자를 직접 칭찬할 수 없어 미리 상대방에게 양해를 구하는 방법을 취하고 있다. 이러한 표현은 일반적인 칭찬 화행에서 잘 나타나지 않고 정식적인 상황에서 약간의 거리감을 느낄 때 나타날 수 있는 표현이다. 중국에서 지위가 높은 사람을 칭찬할 때 상대의 체면을 생각해서 우선 사과부터 하고 칭찬을 하는 경우에 해당한다.

아. 칭찬과 함께 사용하는 의사소통 전략

칭찬 화행이 자연스러운 상황에서 일어나는 것이 보통이지만 전략적인 사용도 가능할 수 있다. 본 연구는 칭찬이 어떠한 목적을 가지고 이루어진다면 이를 목적칭찬으로 분류하였다. 예를 들어 칭찬 발화 전후에 거절이나 비평, 감사, 격려 등을 함께 발화하여 칭찬과 함께 다른 기능의 화행을 연계해서 사용할 수 있다. 아래는 중국어 분석 자료에서 추출한 목적칭찬의 예문이다.

> 감사-칭찬 没, 我只是突然想到要谢谢你, 你给我的卸妆油真的很好用。
> (아니요, 나는 그냥 갑자기 당신에게 고맙다고 할 일이 생각나서요, 당신이 준 클렌징 오일이 정말 사용하기 좋더군요.)
>
> 칭찬-감사 这段日子以来, 我觉得你让我成熟了不少。我真的谢谢你, 你对我的好意。
> (그동안 덕분에 많이 배웠습니다. 저는 당신의 호의에 대해 진심으로 감사드립니다.)
>
> 칭찬-거절 你的企划很精彩也很有创意, 我也很钦佩。可是你回来的不是时候。现实毕竟是现实。(당신의 계획은 매우 훌륭하고 창의성도 있습니다. 저도 매우 탄복했습니다. 그러나 당신이 돌

아온 시기가 좋지 않습니다. 현실은 현실이니까요.)

칭찬-요청 林晖。你真好。我就知道你會幫我的!
(린후이. 너 정말 좋은 사람이야. 나는 네가 나를 도와줄 줄
알았어!)

칭찬-요구 古老师, 你很有分寸, 能不能分我一点。
(구 선생님, 당신은 매우 사리가 있는 사람입니다. 저에게도
좀 나누어 줄 수 있는지요.)

칭찬-비평 终于看出一点女人味。不过你这身行头得改进。
(드디어 여성스러움을 보게 되었네요. 하지만 당신은 스타일
부터 바꿔야 합니다.)

칭찬-사과 我觉得也是。你很特别, 和一般的女孩子不一样。我从来没有想
过把我和韩逸的事情向一个女孩子说。原谅我好吗?
(나도 그렇게 생각해요. 당신은 매우 특별한 것 같아요. 다른
보통 여자아이와는 달라요. 나는 지금까지 어떤 여자아이에
게 나와 한이의 일을 이야기하리라고 생각해 본 적이 없어
요. 나를 용서해 줄래요?

칭찬-바람 我喜欢看你那种认真的表情。你真是个称职的太太。我真希望
跟我的同事介绍你是我的太太。
(나는 당신의 그런 진지한 표정을 좋아합니다. 당신은 정말
아내다워요. 난 정말 내 동료들에게 당신이 나의 아내라고
소개하고 싶어요.)

칭찬-격려 余一飞有进步。不过下次也要努力哦。就像上次一样勇敢地跟
外国人讲话。老师相信你能够成功的。
(위이페이, 좀 늘었구나. 그렇지만 다음에도 열심히 해야 한
다. 지난번처럼 용감하게 외국인과 이야기 하는 거야. 선생
님은 네가 충분히 잘할 거라고 믿어.)

이러한 발화의 특징은 DCT에서는 잘 나타나지 않는 것으로 실제 언어와 가깝다는 준구어 자료인 드라마에서 얻을 수 있는 자료이다. 이들 자료에서 보면 선발화와 후발화의 관계가 잘 나타나 있다. 이러한 상황에서 칭찬과 함께 또 다른 목적을 가지고 전략적으로 발화하는 내용들은 목적칭찬이 된다.[75]

3) 표현문형 사용 제약

가. 중국어 칭찬어에서 동사는 형용사술어처럼 자유롭게 사용되지 않는다. 그래서 동사의 출현이 제한적이다. 원래 정도부사는 동사를 수식하지 않지만 칭찬의 경우는 그 강조된 칭찬의 의미를 살리기 위해 '很+有', '真+是'의 형식으로 사용한다.[76]

> 你的企划很精彩也很有创意，我也很钦佩。
> (당신의 계획은 매우 훌륭하고 창의성도 있습니다. 나도 매우 탄복했습니다.)
> 没想到夏老师平时挺文静的，还真有两下子。
> (샤 선생님은 평상시에 늘 조용하시더니, 그런 재능이 있으신 줄 몰랐네요.)

나. 직접적인 칭찬어 문장에서 동사는 대부분 정도보어의 술어가 되어 동작 이후의 주어의 상태에 대해 이야기 할 때 사용한다.

> 老师您讲得真好。(선생님 강의가 정말 좋습니다.)
> 长得好看、穿得好看。(예쁘게 생겼고, 옷도 잘 입었다.)

---

75) 이 예문들 가운데 일부는 칭찬으로의 기능이 약해 의미자질 분석에서 제외하였다.

76) 施家炜는 "你真做了件好事。", "你很有音乐天分。"의 예를 들어 '很', '真' 등의 정도부사와 동사와의 결합구조로 칭찬의 의미를 갖게 된다고 하였다. 施家炜, 「汉英文化称赞语对比分析」, 『汉语学习』, 2000, p.43-44.

4) 어휘특징

한국어 칭찬어휘와 중국 칭찬어휘의 특징을 살펴보면 대부분 칭찬의 주제에 따라 주로 사용하는 어휘가 있으며 이들이 선별적으로 사용되고 있었다. 예를 들어 외모에 대한 칭찬이면 '예쁘다'와 '漂亮'이 능력에 대한 칭찬이면 '잘한다'와 '有能力'혹은 '干得好' 등이다. 자세한 내용은 아래와 같다.

가. 칭찬어 문장에서 긍정적이고 적극적인 의미를 가지고 있는 형용사 술어의 사용이 특히 많았다. 한국어의 경우 예쁘다(43회), 좋다(48회), 멋있다(26회), 귀엽다(7회) 재밌다(6회) 등이 문장에서 서술어 역할을 하고 있었고, 중국어의 경우 好(67회)가 가장 많이 사용되었으며 다음으로는 漂亮(36회), 棒(11회), 不错(17회), 好吃(7), 好看(11회) 등이 주제에 따라 자주 사용되었다. 이들의 사용빈도는 다른 형용사에 비해 상당히 높다.

나. 명사 술어로 칭찬이 가능하다.

我觉得你挺男人的。(당신은 참 남자다운 것 같아요.)[77]

다. 같은 주제의 칭찬이지만 어휘 선택이 다른 경우가 있다.

---

[77] 분석 자료에서는 많이 나타나지 않았지만 현재 명사를 형용사화한 표현들이 이미 보편적으로 사용되고 있다. 한국어에서도 "혜자스럽다"라는 말이 약간의 칭찬의 의미를 갖는다고 하는데 중국어에도 이와 비슷한 표현으로 "很女人(여성스럽다)"라는 말이 있다. 그러나 모든 부사+N이 칭찬 의미를 갖는 것은 아니다. 최근 "这很+N"와 같은 표현이 학생들을 중심으로 자주 사용되는데 "부사+N"에서 'N'은 사람, 사물, 단체 등 누군가의 정체성, 행태, 습관 같은 개체의 어떤 행위특징 의미한다. 예를 들어 "这很山大"라고 한다면 '산동대답다'라는 의미다. 그러나 이 표현은 칭찬표현이라기 보다 중성적, 혹은 부정적인 의미를 더 나타낸다.

한국어는 '잘 어울린다'는 표현이 8회 사용되었는데 중국어의 경우 이런 표현은 "合适" 1회 "适合" 1회 정도에 그쳐 양국의 칭찬어휘의 사용빈도가 다르다는 것을 보여주고 있다.

5) 관용구의 사용

사회적으로 통용되는 관용구를 사용하여 칭찬의 효과를 이끌어내는 표현문형도 나타났다.

> 你是我的活菩萨。(넌 나의 구세주야.)
> 실물이 꼭 인형 같네.

5.3 소결

이상에서 살펴본 한·중 칭찬 표현문형 분석 결과를 정리하면 다음과 같다.

첫째, 칭찬화행에서만 주로 사용하는 구체적인 표현문형이 나타나지 않았다. 일반적인 종결어미나 주요 문형을 사용해서 칭찬 화행이 이루어지고 있었다. 다만 감탄과 놀람, 질문을 나타내는 종결어미의 사용이 많았음을 알 수 있었다. 중국어 칭찬어에는 문말 어기조사가 많이 발견되었다.

둘째, 어휘적 특징으로 칭찬어휘는 친소관계나 사회적 지위, 나이 연령의 구분 없이 사용할 수 있다. 다만 이때 형용사는 긍정적인 의미를 가진 형용사의 사용으로 한정되었고 동사의 경우는 '잘 +동사(V)'의 형태가 주로 사용되었다. 중국어 칭찬어에서도 긍정적 의미의 형용사가 주를 이루었고 동사는 보어를 이끄는 동사와 '是', '有' 등이 주로 사용되었다.

셋째, '너무', '되게' 등과 같이 정도를 나타내는 부사가 형용사를 수식하는 구조로 사용되었는데 특이한 것은 '진짜', '참', '정말' 등 사실임을 강조하는 부사가 많이 사용되었다는 점이다. 이는 칭찬 행위가 사교적인 필요 때문에 진행되는 것이 아님을 분명하게 드러내기 위함임을 알 수 있다. 중국어 칭찬어에 사용된 부사 역시 청자의 진심이 담겼음을 느끼게 하는 '真', '好', '挺', '很' 등이 많이 사용되었다.

넷째, 사회적 변인에 따라 특정 상황에서만 사용되는 표현문형도 찾아 볼 수 있었다.

다섯째, 관용구처럼 고정되어 칭찬에만 사용하는 표현들도 있었다.

칭찬 화행 교수 학습에서 특별히 주의할 것은 어휘적 제약이라고 할 수 있다. 예를 들어 '진짜 N같다'는 표현문형을 칭찬 화행에서 사용할 때 'N'에 주의하여야 한다는 것이다. "진짜 인형같네."라고 할 때와 "진짜 바보같네." 라고 할 경우 그 의미는 천지차가 있기 때문이다. 따라서 칭찬 화행에서 대부분 긍정적인 어휘들을 사용한다는 것을 반드시 교수해야 하며 긍정적 의미를 가지고 칭찬에서 자주 사용하는 칭찬어 주요학습 어휘들에 대한 제시도 함께 이루어져야 한다.

본 장에서 한·중 칭찬 화행에서 사용하는 표현문형을 정리하고 분석하였다. 이곳에서는 어휘적 특징으로 나타난 부정형 칭찬에 대한 예를 좀 더 들도록 한다. 중국어의 경우 '不+A'의 형태로 긍정의 의미를 나타내는 경우가 종종 있다. 이러한 표현은 한국어의 경우와 다른데 우선 '많다'는 의미를 표현할 때 중국어에서는 '不少'가 쓰이고 '적다'라는 의미에는 '不多'가 쓰인다. 한국어의 경우는 많을 경우는 '많다'는 정면적인 의미의 단어를 직접 사용하고 '적지 않다'라고 잘 말하지 않는다. 만약 '적지 않다'라고 표현했을 때는 또 다른 의미를 내포하게 된다.

한국어의 경우는 '안 +A'의 표현으로 나타내는 칭찬은 그다지 많지 않다. 이러한 표현을 직접 한국어로 직역해서 사용할 경우 한국인들이 칭찬으로 듣기에 어색한 부분이 있을 것이다. 그런데 긍정적인 단어를 부정하기보다 부정적인 단어를 부정해서 긍정화 시키는 표현은 한국어에서도 가끔 쓰이는 표현으로 분석 자료에서 아래의 몇 가지를 찾아낼 수 있었다. 중국어 부정표현과 한국어 부정표현을 정리하면 다음과 같다.

> 不坏 /不错 /不少
> 口福不浅 /身手不凡/成熟了不少/那不是年轻漂亮多了/
> 不一样 /忍不住了/了不起/谁都会百看不厌/说是不懂电脑
> 穿着打扮不一般/没有您不知道的/ 跟年龄一点都不相等
> 看着你为自己的理想不断努力

> 미워하려야 미워할 수가 없는 애야
> 아무튼 못하는 게 없다니까
> 우리 형은 안 시시해.
> 너 아니면 이 집은 안 된다니까!
> 와, 어쩜 머리카락이 이렇게 밍크털이에요? 갈라진 거 하나 없이?
> 오늘 포스가 장난 아니던데?
> 넥타이가 인물을 못 따라가네.

이상의 분석을 통해 한·중 칭찬 화행에서 칭찬어가 문형화의 과정을 거치고 있음을 확인할 수 있었다. 비록 각 언어권별로 문형화의 정도에 따라 차이는 있지만 칭찬 화행에서 고정적인 형식으로 사용되는 어휘, 표현문형, 문장 성분이 있다는 것과 이러한 현상이 각 언어마다 보편적으로 나타난다는 것은 매우 자연스러운 현상이고 더욱 연구해야할 과제라고 생각한다.

제6장

의미자질 대조분석

본 장에서는 한·중 칭찬어를 대상으로 사회적 변인에 따른 의미
자질을 분석한다. 사회적 변인의 요소로 나이, 지위, 친밀도, 성별 등
을 선정하여 살펴볼 것인데 칭찬어 분석에서 사회적 변인을 고려한
의미자질 분석이 필요한 이유는 모국어 화자가 동일한 화행 기능을
나타내고자 할 때 무작위로 칭찬 문형을 선택하는 것이 아니라 사회
적 변인에 따라 문형을 선택하여 발화하기 때문이다.

6.1 한국 칭찬어

본 절에서는 사회적 변인에 따른 칭찬어의 유형 분석을 위해 선정
된 드라마 칭찬어 원천 자료 146개를 중심으로 살펴볼 것이다.[78]
DCT 자료를 의미자질 분석에서 제외하는 이유는 DCT는 이미 제한
된 사회적 변인을 제시하고 칭찬어와 응답어의 양상을 살펴본 것이기
때문에 자의성이 나타난다. 이에 본 분석에서는 준 구어자료로 볼 수
있는 드라마에서 출연자 간에 이루어지는 칭찬어를 중심으로 사회적
변인에 따른 칭찬 화행만을 분석의 대상으로 삼았다.

---

78) 여기서 분석하는 자료는 드라마 원문에서 추출한 원천자료로 칭찬발화의 앞뒤 발화까지 나타
나 칭찬발화가 어떤 상황에서 이루어졌는지 좀더 자세히 살펴볼 수 있다.

사회적 변인은 '힘(나이, 지위)'과 '친밀도'를 중심으로 살펴볼 것이다. 화행에서는 참여자인 화자와 청자의 관계가 매우 중요한데 화청자의 관계에 따라 발화의 형식과 내용이 달라지기 때문이다. 따라서 화자가 청자에 대해 어떤 위치에 있는가 하는 것이 칭찬발화를 가능하게 하는 전제 조건이며 필요조건이 된다.[79] 의미자질 분석은 한 발화자가 한 번 발화한 것을 기준으로 한다. 말차례 주고받기가 일어나기까지의 발화를 말하는 것으로 여기에는 여러 문장이 있을 수 있다.

<표 10> 한국 칭찬어 의미자질 분석표

변인수	화 · 청자 사회변인			주제[80]	성별[81]	대화자 관계[82]	예문[83]
	힘		[84]친밀도				
	나이[85]	지위[86]					
1	화자<청자	화자<청자	+	대상자체	남→남	동생-형	난 형이 내 형인 게 진짜 좋다. (슬15)
	화자<청자	화자<청자	+	대상자체	남→남	동생-형	형은 뭘 해도 멋있을 거야.(슬7)
	화자<청자	화자<청자	+	대상자체	남→남	동생-형	우리 형은 안 시시해.(슬15)
	화자<청자	화자<청자	+	능력	남→남	동생-형	야, 우리 형은 진짜 전천후야.(슬17)
	화자<청자	화자<청자	+	소유물	남→남	동생-형	야, 근사하다. 나도 한번 해보자.(슬23)
	화자<청자	화자<청자	+	대상자체	남→남	아들-엄마	엄마 최고!!(온-20)
	화자<청자	화자<청자	+	대상자체	남→여	직원-사장	사장님은 멋진 분입니다. 제 마음에 들어요.(슬16)
	화자<청자	화자<청자	+	대상자체	남→여	아들-엄마	난 엄마 닮았다는 게 자랑스러운데?(슬11)

79) 김미령(2005:148-150)에서는 화행 조건의 분석 방법을 논하면서 선행발화에서 요구되는 화행 조건으로 힘, 친밀성, 격식성을 제시했으나 본 연구는 칭찬은 친밀성을 전제로 발화되고 일대 일 상황에서는 격식적인 칭찬이 잘 나타나지 않을 것으로 판단하여 힘(나이, 지위)과 친밀도만을 조건으로 하여 의미자질을 분석한다. 또 화청자의 관계에서 발화의 조건이 되는 것이 청자에게 있으므로 청자의 조건에 따라 청자의 나이가 많을 경우 '>', 지위가 높을 경우 '>', 반대로 청자의 나이가 적을 경우 '<', 지위가 낮을 경우 '<'로, 비슷할 경우 '='로 표기한다. 친밀도도 사람에 따라 친밀한 정도가 다를 것이다. 그러나 칭찬은 친밀도가 있는 상황에서 이루어진다는 것을 전제로 할 때 화청자가 안면이 없는 경우는 '-'로, 그 외의 경우에는 '+'로 구분하였다.

| 변인수 | 화·청자 사회변인 | | | 주제[80] | 성별[81] | 대화자 관계[82] | 예문[83] |
| | 힘 | | 84)친밀도 | | | | |
	나이[85]	지위[86]					
	화자<청자	화자<청자	+	인격	남→여	조카-고모	알고 보면 우리 고모는 마음도 예쁘다니까.(슬13)
	화자<청자	화자<청자	+	소유물	남→여	사돈청년-사돈할머니	너무 포근하고 좋아요.(올23)
	화자<청자	화자<청자	+	외모	남→여	동네남자-옆집 할머니	아휴, 아주 멋지십니다.(올2)
	화자<청자	화자<청자	+	능력	여→남	아들친구-친구 아버지	진짜요? 와 대단하시다. 되게 세심하신가 봐요.(올45)
	화자<청자	화자<청자	+	외모	여→남	아들친구-아버지	근데 아저씨, 요새 멋있어지셨어요.(반올림38)
	화자<청자	화자<청자	+	능력	여→여	배우-작가	기획안 재미있어요. 대본은 더 재밌고요.(온6)
	화자<청자	화자<청자	+	외모	여→여	동생-언니	어디, 어디? 이렇게 보니까 언니 굉장히 예뻐 보인다.(올48)
	화자<청자	화자<청자	+	외모	여→여	제자-스승	선생님. 반이 잘렸어도 S라인이 살았어요.(온1)
	화자<청자	화자<청자	+	능력	여→여	배우-작가	기억력 좋으시다.(온1)
	화자<청자	화자<청자	+	능력	여→여	배우-작가	기획안 잘 읽었습니다. 너무 재밌던데요.(온5)
2	화자<청자	화자<청자	-	외모	여→여	팬-배우	예뻐요. 화려해요.(온2)
	화자<청자	화자<청자	-	인격	여→남	배우지망생-메니저	아저씬, 진짜 어른 같아요. 진짜 좋은 어른.(온15)
3	화자<청자	화자=청자	+	외모	여→여	사돈-사돈할머니	언제 봬도 건강하시고 젊어 보이세요.(슬11)
4	화자<청자	화자=청자	-				
5	화자<청자	화자>청자	+	외모	남→여	피디-성우	오늘따라 예쁘시네요.(올25)
	화자<청자	화자>청자	+	소유물	여→여	작가- 도우미	색깔 너무 예쁘다. 뜨개질 좋아하시

변인수	화·청자 사회변인			주제80)	성별81)	대화자 관계82)	예문83)
	힘		84)친밀도				
	나이85)	지위86)					
							나 봐요.(온15)
6	화자<청자	화자>청자	-				
7	화자=청자	화자<청자	+	소유물	남→여	매니저-작가 (친구)	와, 진짜 근사하다.(온17)
	화자=청자	화자<청자	+	능력	남→여	매니저-작가 (친구)	너 나 안 본새 진짜 많이 컸어. 진짜 작가 같다. 이제.(온17)
	화자=청자	화자<청자	+	행동	남→여	매니저-작가 (친구)	오늘 포스가 장난이 아니던데?(온12)
8	화자=청자	화자<청자	-				
9	화자=청자	화자=청자	+	능력	남→남	친구	이걸 정말 한별이가 했다고?(반40)
	화자=청자	화자=청자	+	능력	남→남	아는 사이	역시 대단하신가 보다.(올25)
	화자=청자	화자=청자	+	외모	남→남	친구	얼굴 좋네.…(반48)
	화자=청자	화자=청자	+	외모	남→남	친구	만날 조깅한다더니 건강해 보인다.(올8)
	화자=청자	화자=청자	+	능력	남→여	감독-작가	괜찮던데요.(온3)
	화자=청자	화자=청자	+	능력	남→여	친구	오오! 진짜 유연하네.(올11)
	화자=청자	화자=청자	+	능력	남→여	친구	먹어도 될지 모르겠다. 너무 예뻐서.(반37)
	화자=청자	화자=청자	+	능력	남→여	친구	야. 장아영! 너 짱멋지다.(반41)
	화자=청자	화자=청자	+	능력	남→여	감독-작가	신인작가가 썼다는 데 잘 썼다고 생각했죠.(온3)
	화자=청자	화자=청자	+	능력	남→여	사회자-출연자	어쩜 이렇게 아름다우시고, 말씀도 어쩜 그렇게 잘하세요?(온15)
	화자=청자	화자=청자	+	능력	남→여	감독-작가	재밌어요.(온6)
	화자=청자	화자=청자	+	능력	남→여	감독-작가	맛있네요. (온13)
	화자=청자	화자=청자	+	능력	남→여	감독-작가	좀 어렵긴 한데 무지개보다 낫네요.(온13)
	화자=청자	화자=청자	+	능력	남→여	감독-작가	고마워요. 고사리 손으로 예쁜 대본 써 줘서…(온18)

변인수	화·청자 사회변인			주제[80]	성별[81]	대화자 관계[82]	예문[83]
	힘		친밀도[84]				
	나이[85]	지위[86]					
	화자=청자	화자=청자	+	대상자체	남→여	친구	나, 너 괜찮은 애라고 생각해.(슬11)
	화자=청자	화자=청자	+	대상자체	남→여	친구	미자 씬 왠지 좀 편한 거 같아요. (올6)
	화자=청자	화자=청자	+	대상자체	남→여	연인	미자 씬 뭘 신어도 예뻐요.(올99)
	화자=청자	화자=청자	+	소유물	남→여	연인	와, 진짜 근사하다.(슬15)
	화자=청자	화자=청자	+	소유물	남→여	조연출-가게 주인	여기 캐릭터들 너무 예뻐요.(온20)
	화자=청자	화자=청자	+	소유물	남→여	연인	예쁜 이름이에요. 그 말 해 주고 싶었어요.(슬11)
	화자=청자	화자=청자	+	소유물	남→여	아는 사이	김지영. 이름 진짜 예쁘네요.(올22)
	화자=청자	화자=청자	+	외모	남→여	친구	어? 너 오늘 누굴 꼬시려고 이렇게 예쁘게 하고 왔어? (올13)
	화자=청자	화자=청자	+	외모	남→여	학부모-교사[87]	우리 자기, 너무 예쁘다.(반39)
	화자=청자	화자=청자	+	외모	남→여	친구	지금 컨셉 그대로 꽤 귀엽다고.(반40)
	화자=청자	화자=청자	+	외모	남→여	친구	건강해 보이고요. (슬24)
	화자=청자	화자=청자	+	외모	남→여	친구	미자 씨 한복 잘 어울리네.(올21)
	화자=청자	화자=청자	+	외모	남→여	연인	자기 오늘 너무 예쁘다.(슬2)
	화자=청자	화자=청자	+	외모	남→여	친구	미자 씨! 이야, 여기 있는 여자들 중에 제일 예쁘네.(올5)
	화자=청자	화자=청자	+	외모	남→여	모발관리사-배우	모발이 아주 건강하네요. 상태 굉장히 좋은데요?(온4)
	화자=청자	화자=청자	+	외모	남→여	친구	보기 좋은데요? (온24)
	화자=청자	화자=청자	+	외모	남→여	아는 사이	에이, 빼지 마세요 지금이 딱 좋아요. (올22)

변인수	화·청자 사회변인		84)친밀도	주제80)	성별81)	대화자 관계82)	예문83)
	힘						
	나이85)	지위86)					
	화자=청자	화자=청자	+	외모	남→여	아는 사이	지영 씨 먹는 모습이 보기 좋아서. (올23)
	화자=청자	화자=청자	+	외모	남→여	연인	앗! 귀여워. 귀여워.(올24)
	화자=청자	화자=청자	+	외모	남→여	연인	예뻐, 예뻐.(올22)
	화자=청자	화자=청자	+	인격	남→여	부부	당신 참 좋은 여자야. 내가 유일하게 잘한 게 있다면 당신하고 결혼한 거야.(슬22)
	화자=청자	화자=청자	+	행동	남→여	감독-작가	부지런하시네요. 다른 작가들은 오전에 잘 안 나오던데.(온4)
	화자=청자	화자=청자	+	능력	여→남	부부	역시 당신은 어떻게 돈을 쓰는 게 잘 쓰는 건지 아는 분이에요.(슬12)
	화자=청자	화자=청자	+	능력	여→남	친구	개발한 메뉴들 진짜 마음에 들어. (슬11)
	화자=청자	화자=청자	+	능력	여→남	친구	진짜 생각보다 똑똑하네.(올6)
	화자=청자	화자=청자	+	능력	여→남	친구	녹차 전문점, 진짜 마음에 든다.(슬11)
	화자=청자	화자=청자	+	능력	여→남	연인	아무튼 못하는 게 없다니까.(슬15)
	화자=청자	화자=청자	+	능력	여→남	작가-감독	네. 영상이 아주 좋더라고요 디테일도 살아 있고.(온21)
	화자=청자	화자=청자	+	소유물	여→남	친구	너무 귀엽다.(반45)
	화자=청자	화자=청자	+	외모	여→남	작가-감독	지금도 멋져요.(온21)
	화자=청자	화자=청자	+	외모	여→남	동료	운치 있고 좋던데요?(온14)
	화자=청자	화자=청자	+	외모	여→남	교사-학부모	요즘 안색이 환해지신 게, 생기 있어 보이시구.(반37)
	화자=청자	화자=청자	+	소유물	여→여	친구	와! 색깔 예쁘다. (올22)

변인수	화·청자 사회변인			주제[80]	성별[81]	대화자 관계[82]	예문[83]
	힘		[84]친밀도				
	나이[85]	지위[86]					
	화자=청자	화자=청자	+	능력	여→여	친구	너 아주 유능해. 손님을 기분 좋게 해.(슬11)
	화자=청자	화자=청자	+	능력	여→여	친구	너 작가하지 그랬어?(올27)
	화자=청자	화자=청자	+	외모	여→여	경쟁자	머릿결 너무 좋다. 부러워요.(온12)
	화자=청자	화자=청자	+	행동	여→여	기자-주인공	이야, 모닝커피로 시작하는 아침! 아주 좋은데요?(올15)
	화자=청자	화자=청자	+	외모	여→여	친구	오늘따라 되게 곱다. 화장두 잘 받고 최수빈답다.(올12)
	화자=청자	화자=청자	+	행동	여→여	친구	역시 오윤아 멋있어!(올26)
	화자=청자	화자=청자	+	행동	여→여	친구	잘했어, 잘했어. (올26)
10	화자=청자	화자=청자	-	외모	남→여	처음 보는 사람	향수 뭐 쓰세요? 이 향수… 향기 좋은데요?(올1)
	화자=청자	화자=청자	-	외모	남→여	친구의 친구	참 미인이시네요. (올17)
	화자=청자	화자=청자	-	외모	남→여	맞선 장면	수빈 씬 얼굴만큼이나 이름이 참 예쁘세요.(올12)
	화자=청자	화자=청자	-	외모	남→여	맞선 장면	눈이 참 맑으십니다.(올47)
	화자=청자	화자=청자	-	외모	남→여	맞선 장면	분위가 독특하신 것 같은데요.(올47)
	화자=청자	화자=청자	-	외모	여→남	맞선 장면	아휴 참, 우현 씬 목소리가 참 멋지시네요.(올47)
11	화자=청자	화자>청자	+				
12	화자=청자	화자>청자	-				
13	화자=청자	화자<청자	+				
14	화자>청자	화자<청자	-				
15	화자>청자	화자=청자	+	능력	여→여	경쟁자	넌 요새 인기 많더라?(온21)
	화자>청자	화자=청자	+	성격	여→남	여자선배-후배 친구	호호호! 성격도 너무 좋다. (올10)
	화자>청자	화자=청자	+	능력	여→남	여자선배-	직업도 좋고, 어머,

변인수	화·청자 사회변인			주제80)	성별81)	대화자 관계82)	예문83)
	힘		84)친밀도				
	나이85)	지위86)					
						후배친구	생긴 것도 잘 생기셨네.(율10)
16	화자>청자	화자=청자	-	능력	여→여	손님-작가	나 그거 너무 재밌게 봤는데.(온5)
	화자>청자	화자=청자	-	외모	여→여	아주머니-작가	아휴, 실물이 꼭 인형 같네. 싸인 좀 해 줘요.(온3)
	화자>청자	화자=청자	-	외모	여→여	손님-작가	너무 예쁘다. 어떡해. 나 싸인 받을까봐(온5)
17	화자>청자	화자>청자	+	외모	남→남	사장-직원	넥타이가 인물을 못 따라가네.(슬14)
	화자>청자	화자>청자	+	행동	남→남	친구 형-친구	정말 고맙다. 기범아, 어떻게 그렇게 한결같으냐?(슬14)
	화자>청자	화자>청자	+	행동	남→남	형-동생	이래서 난 니가 이쁘다.(슬25)
	화자>청자	화자>청자	+	능력	남→여	부-녀	제법이다.(슬24)
	화자>청자	화자>청자	+	능력	남→여	담임-학생	잘했다. 장 아영이! (반41)
	화자>청자	화자>청자	+	능력	남→여	담임-학생	너 반장으로서 참 잘해줬어.(20)
	화자>청자	화자>청자	+	능력	남→여	매니저-배우	아, 오승아가 진짜 대단하기 하구나.(온3)
	화자>청자	화자>청자	+	능력	남→여	매니저-배우	기억력이 좋으시네요.(온2)
	화자>청자	화자>청자	+	능력	남→여	부-녀	어린이 요리 교실 기획안 좋더라(슬2)
	화자>청자	화자>청자	+	능력	남→여	매니저-가수	이번 곡 좋더라. (온1)
	화자>청자	화자>청자	+	대상자체	남→여	친구의 사촌 오빠-친구	민주 너도 언제 봐도 기분 좋고(슬14)
	화자>청자	화자>청자	+	성격	남→여	국장-작가	내가 이래서 서 작가가 좋다니까.(온1)
	화자>청자	화자>청자	+	능력	남→여	부-녀	그 정도면 거리도 괜찮아. 드라이버가 잘 맞는구나.(슬24)
	화자>청자	화자>청자	+	소유물	남→여	사촌오빠-동생	이거 정말 기분 좋은 곳이다.(슬14)
	화자>청자	화자>청자		외모	남→여	사촌오빠-조카	야. 보기 좋다. 너

변인수	화·청자 사회변인			주제[80]	성별[81]	대화자 관계[82]	예문[83]
	힘		[84]친밀도				
	나이[85]	지위[86]					
							희들만 할 때가 진짜 예쁜 거야.(슬6)
	화자>청자	화자>청자	+	외모	남→여	매니저-배우	너 오늘 참 예쁘다.(온15)
	화자>청자	화자>청자	+	외모	남→여	국장-작가	와 작가가 이렇게 예뻐도 되나? 서 작가 맞아?(온1)
	화자>청자	화자>청자	+	외모	남→여	매니저-배우	와, 어쩜 머리카락이 이렇게 밍크털이에요. 갈라진 거 하나 없이?(온3)
	화자>청자	화자>청자	+	행동	남→여	매니저-배우	너 오늘 참 멋지더라.(온12)
	화자>청자	화자>청자		능력	여→남	고모-조카	네가 최고야.(슬3)
	화자>청자	화자>청자	+	능력	여→남	고모-조카	네가 해 주는 건 다 맛있더라.(슬3)
	화자>청자	화자>청자	+	능력	여→남	사돈할머니-사돈청년	역시 사돈이 해 준 순댓국이 제일 맛있어.(올7)
	화자>청자	화자>청자	+	능력	여→남	고모-조카	정우 너는 자기 식구들 고생은 안 시킬 거야.(슬9)
	화자>청자	화자>청자	+	능력	여→남	작가-연출 보	자기 일 잘하는구나.(온1)
	화자>청자	화자>청자	+	능력	여→남	모-자	어이구, 우리 정우 정말 장하다.(슬16)
	화자>청자	화자>청자	+	능력	여→남	고모-조카	너 아니면 이 집은 안 된다니까.(슬16)
	화자>청자	화자>청자	+	능력	여→남	고모-조카	정우야. 너 진짜 장사 잘한다.(슬22)
	화자>청자	화자>청자	+	대상자체	여→남	고모-조카	정우 넌 받을 자격 있어.(슬22)
	화자>청자	화자>청자	+	대상자체	여→남	모-자	나중에 누가 될지 우리 정우 색싯감은 횡재하는 거야 (슬9)
	화자>청자	화자>청자	+	대상자체	여→남	모-자	너만 한 아들 없어. 정훈이가 널만만 닮아도 좋겠는데.(슬9)

변인수	화·청자 사회변인			주제[80]	성별[81]	대화자 관계[82]	예문[83]
	힘		84)친밀도				
	나이[85]	지위[86]					
	화자>청자	화자>청자	+	성격	여→남	고모-조카	넌 누굴 닮아 그렇게 성격이 좋냐? (슬5)
	화자>청자	화자>청자	+	성격	여→남	사장-직원	너 진짜 배짱 좋다. (슬16)
	화자>청자	화자>청자	+	인격	여→남	고모-조카	넌 진짜 좋은 점 한 가지 있다. 너만 보면 세상이 살만한 거 같아. 미워하려야 미워할 수 없는 애야.(슬14)
	화자>청자	화자>청자	+	인격	여→남	모-자	착한 우리 정우 (슬13)
	화자>청자	화자>청자	+	행동	여→남	사장-직원	그럼 뭐든 해야지. 젊은 놈이 기운 아껴 뭐 하려고 기특하네.(슬9)
	화자>청자	화자>청자	+	행동	여→남	모-자	잘했다. 잘했어. (슬1)
	화자>청자	화자>청자	+	능력	여→여	할머니-손녀	내가 우리 여진이 덕에 호강하는구나. 네가 어릴 때부터 정은 많은 아이였어.(슬23)
	화자>청자	화자>청자	+	능력	여→여	모-녀	이번 일을 보니까 그게 아닌 것 같아. 네 실력, 네 열정 다 인정할게. (반41)
	화자>청자	화자>청자	+	능력	여→여	영어교사-학생	이 중 네가 영어를 제일 잘하는 거 같다.(반44)
	화자>청자	화자>청자	+	능력	여→여	주인-커리어우먼	실력이 대단하시다고, 그럼 믿겠습니다.(올3)
	화자>청자	화자>청자	+	능력	여→여	작가-코디	예쁘네요. 근데 행커칩은 좀 올드하다.(온14)
	화자>청자	화자>청자	+	능력	여→여	상사-직원	무슨 소리야? 장대린 미스터리사퍼로서 유능한 사람이야?(슬5)

변인수	화·청자 사회변인			주제80)	성별81)	대화자 관계82)	예문83)
	힘		84)친밀도				
	나이85)	지위86)					
	화자>청자	화자>청자	+	능력	여→여	모-자	TV보는 것보다 너 한테 이야기 듣는 게 더 재밌다.(올24)
	화자>청자	화자>청자	+	능력	여→여	남친 어머니-여친	열심히 일하는 모습 보니까 좋네.(올23)
	화자>청자	화자>청자	+	소유물	여→여	아는 언니-동생	축하해. 생각했던 것보다 훨씬 근사하다.(슬14)
	화자>청자	화자>청자	+	소유물	여→여	작가-배우	아, 트레이닝복 참 예뻐요. 고품격이야.(온18)
	화자>청자	화자>청자	+	외모	여→여	할머니-며느리 후보	면사포 쓰기 딱 좋은 나이다. 아주 파릇파릇하니 생기가 넘치는 구나. 어쩜 넌 언제 봐도 기분 좋은 얼굴이다.(슬14)
	화자>청자	화자>청자	+	외모	여→여	작가-배우	얼굴이 반쪽이 됐네. 더 예쁘다.(온19)
	화자>청자	화자>청자	+	외모	여→여	작가-배우	은석이도 예뻤지만 체리도 예뻤어요.(온18)
	화자>청자	화자>청자	+	외모	여→여	할머니-손녀	너는 한복 입었을 때가 제일 예뻐.(올51)
	화자>청자	화자>청자	+	외모	여→여	이모할머니-손녀	곱다.(올51)
	화자>청자	화자>청자	+	외모	여→여	이모할머니-손녀	아유, 예뻐라.(올51)
	화자>청자	화자>청자	+	인격	여→여	올케-시누이	우리 아가씨도 예쁜 구석은 있다니까.(슬14)
18	화자>청자	화자>청자	-				

80) 칭찬의 주제는 대화에서 나타난 것으로 선정한다. 음식솜씨에 대한 주제는 능력에 포함시켰다.

81) 앞쪽이 화자가 되고 뒤쪽이 청자가 된다. 성별 변인은 4 가지로 나타난다. 가: 남자(화자)->남자(청자), 나: 남자>여자, 다: 여자>여자. 라: 여자>남자

82) 드라마 대본만으로는 의미자질을 제대로 분석할 수 없어 드라마를 보면서 이들의 발화 시 상황이나 역할을 기록하여 좀 더 실제적으로 이들의 관계를 파악했다.

드라마 자료에서 나온 칭찬어를 사회적 변인에 따라 의미자질을 분석하였다. 결과는 다음과 같다.

1) 사회적 변인

화청자의 나이와 지위, 친밀감을 의미자질의 변별항목으로 설정하고 의미자질을 분석한 결과 모두 18개 항목 가운데서 10개 항목의 의미자질에 대한 분석이 가능했다. 이번 분석 자료에서는 나머지 8개 항목에서의 칭찬발화가 발견되지 않았는데 이들은 대체로 친밀감이 없거나 화자의 조건이 청자보다 상대적으로 열악할 때 칭찬발화가 일어나지 않은 것으로 나타났다.

① 화자가 청자보다 나이가 어리고 화자와 청자의 지위가 같으며 친하지 않은 경우.

② 화자가 청자보다 나이가 어리지만 청자보다 지위가 높으며 친하지 않은 경우.

③ 화자의 나이가 청자와 비슷하지만 청자보다 지위가 낮고 친하지 않을 때.

④ 화청자의 나이가 비슷하고 화자의 지위도 높지만 친하지 않을 때.

---

83) 표에 제시된 예문은 띄어쓰기와 맞춤법을 수정하였다.

84) 의미자질에 친밀도를 따지는 것이 다소 적절하지 않을 수 있지만 칭찬발화에서 +[친밀도]와 -[친밀도]가 칭찬발화를 가능하게 하는 전제 조건으로서 기능하게 된다는 가정 하에 함께 분석하였다.

85) 나이차가 명확하게 드러나지 않은 경우에는 일반적인 상황을 기준으로 구분하였다.

86) 지위는 명시적으로 알 수 있는 사회적인 지위관계뿐 아니라 가족 간에도 서열이 구별될 수 있는 대화일 경우 분류를 따로 하였다.

87) 이 장면은 꿈속의 대화지만 화청자가 대화를 이어가기 때문에 분석 자료에 포함하였다.

⑤ 화청자의 나이가 비슷하고 친분도 있지만 화자의 지위가 높을 때 칭찬발화가 없었다.

⑥ 화자가 청자보다 나이가 많고 친분도 있지만 청자보다 지위가 낮을 때 칭찬발화가 없었다.

⑦ 화자가 청자보다 나이가 많지만 청자보다 지위가 낮고 친하지 않을 때.

⑧ 화자가 청자보다 나이가 많고 청자보다 지위가 높지만 친하지 않을 때.

⑧의 경우는 화청자의 나이가 비슷하고 친분이 있다면 화자의 지위가 높다고 해도 칭찬발화가 일어날 여지가 충분이 있음에도 이번 조사에서는 나타나지 않았다. 이는 원천 분석 자료에 이에 해당하는 예문이 없었던 것으로 분석할 수 있다. 표 10에 대한 구체적인 분석내용은 아래와 같다.

2) 친밀감

칭찬은 대부분 친밀감이 있는 사람들 사이에서 실행되었다. 145개 드라마 예문 가운데 11개(7.6%) 예문을 제외한 134개(92.4%) 모두 친분관계가 있는 사람들 사이에서 이루어졌다. -[친밀감]인 11개 예문 모두 친분은 없지만 상대방에게 호감을 느끼는 상황에서 이루어졌다. 이때 선택된 칭찬 주제는 대부분 외모로 친하지 않은 사람에게 비교적 쉽게 할 수 있는 칭찬은 외모로 나타났다.

3) 연령

화자의 나이가 많고 지위가 높을 때(화자>청차, 화자<청자), 화청자의 나이가 비슷하고 지위가 비슷할 때(화자=청자, 화자=청자), 혹은 청자의 나이가 많거나 지위가 높을 때(화자<청자, 화자<청자) 각각 칭찬 화행이 활발하게 일어났다. 칭찬 화행이 활발하게 일어난 순서대로 소개하면 다음과 같다. 비율 차이를 잘 나타내기 위해 소수점 한 자리까지 보인다.

> 나이: 화자=청자, 지위: 화자=청자, 친밀감 있다: 54개 (37.2%)
> 나이: 화자>청자, 지위: 화자>청자, 친밀감 있다: 53개 (36.6%)
> 나이: 화자<청자, 지위: 화자<청자, 친밀감 있다: 18개 (12.4%)
> 나이: 화자=청자, 지위: 화자=청자, 친밀감 없다: 6개 (4.1%)
> 나이: 화자=청자, 지위: 화자<청자, 친밀감 있다: 3개 (2.1%)
> 나이: 화자>청자, 지위: 화자=청자, 친밀감 있다: 3개 (2.1%)
> 나이: 화자>청자, 지위: 화자=청자, 친밀감 없다: 3개 (2.1%)
> 나이: 화자<청자, 지위: 화자>청자, 친밀감 있다: 2개 (1.4%)
> 나이: 화자<청자, 지위: 화자<청자, 친밀감 없다: 2개 (1.4%)
> 나이: 화자<청자, 지위: 화자=청자, 친밀감 있다: 1개 (0.7%)

4) 칭찬 주제

분석 자료에서 나타난 칭찬의 주제는 상대방의 능력과 외모를 칭찬하는 경우가 가장 많았다. 다음으로 소유물, 대상자체 등의 순으로 나타났다.

> 능력 52개 (36%), 외모 46개 (32%), 소유물 14개 (10%), 대상자체 13개 (9%), 행동 10개 (7%), 인격 6개 (4%), 성격 4개 (3%)

5) 성별

네 가지 성별 칭찬유형에서 남성이 여성을 칭찬하는 유형이 가장 많이 나타났다. 이것은 선행연구에서 지적한 여성이 비교적 쉽게 칭찬을 받고 칭찬을 한다는 분석과 비슷하다. 반대로 남성이 남성을 칭찬하는 경우는 매우 드물었는데 이는 남성들 간에는 칭찬을 자주 발화하지 않는 것을 보여준다. 칭찬 발화량을 살펴보았을 때 남녀 비율이 고르게 나타났다.

남→여 63개 (43%)   여→남 33개 (23%)
남→남 12개 (8%)   여→여 37개 (26%)

위의 한국 칭찬어 의미자질 분석 결과를 사회적 변인에 따라 다시 정리하면 다음과 같다. 전체적으로 화자와 청자의 연령이 비슷할 경우와 청자보다 화자의 나이가 많을 때 칭찬발화가 많이 나타났다. 또 칭찬의 주제도 성별에 따라 다르게 나타났는데 화자의 나이가 청자보다 많을 때 여성이 여성에게 칭찬발화가 가장 많이 나타났고 화자와 청자의 연령이 비슷할 경우 남성이 여성을 칭찬하는 발화가 비교적 많이 보였다. 화자가 청자보다 연령이 어릴 경우 칭찬발화가 비교적 적게 나타났다.

연령에 따른 칭찬 화행에서 특이한 점은 화자의 나이가 청자보다 높을 때는 여성이 여성의 능력이나 외모를 칭찬하는 비율이 높고, 화청자의 연령이 비슷할 경우 남성이 여성의 외모나 능력을 칭찬하는 비율이 높게 나타난 점이다.

한국사회에서 나이만큼 중요하게 작용하는 것이 사회적 지위로 이번 분석에서도 지위는 연령분석의 결과와 비슷하게 나타났다. 다만 연령이 청자보다 높고 지위도 높은 남성이 여성을 칭찬하는 발화가 조금 더 나타났을 뿐이다.

그런데 표 10의 변인수 17번을 보면 나이가 많은 화자가 나이가 적은 청자에게 행하는 칭찬 화행에서 다른 변인보다 대상 자체와 행동, 인격, 성격 등에 대한 칭찬을 더 수행하고 있었다. 이것은 한국 사회에 아직 상하서열이 남아 있으며 특별히 나이 많은 여성이 이러한 화행을 주로 수행하고 있음을 볼 때 나이가 많은 여성의 칭찬발화는 다양한 주제를 넘나들 수 있음을 알 수 있다.

6.2 중국 칭찬어

중국어 드라마 자료를 기초로 하여 중국 칭찬어의 의미자질을 사회적 변인에 따라 살펴보도록 하겠다.

<표 11> 중국 칭찬어 의미자질 분석표

변인수	화·청자 사회변인			주제[88]	성별[89]	대화자 관계[90]	예문
	힘		친밀도				
	나이[91]	지위[92]					
1	화자<청자	화자<청자	+	능력	남-남	조카-작은아버지	齐叔, 真不错。没想到 你还 有 这 么 一手。(십1)
	화자<청자	화자<청자	+	능력	남-남	직원-상사	哎 李总 我冒昧地问一句 你当了董事长眼界大开啊 说是不懂电脑游戏可是连上网收费的情况都了解得清清楚楚

변인수	화·청자 사회변인			주제88)	성별89)	대화자 관계90)	예문
	힘		친밀도				
	나이91)	지위92)					
							公司里另有高人吧。(아-17)
	화자<청자	화자<청자	+	능력	여-남	학생-교사	反正不管别人怎么想, 我是已经认定你是一位好老师了。(십4)
	화자<청자	화자<청자	+	성격	여-여	학생-교사	而且你是个非常有分寸的女孩子, 为什么自己不相信自己呢?(십6)
	화자<청자	화자<청자	+	행동	여-여	딸-엄마	媽, 妳真好。(환4)
	화자<청자	화자<청자	+	외모	여-여	학생-교사	好漂亮 真的变漂亮了 好美 真的(십4)
	화자<청자	화자<청자	+	능력	여-여	학생-교사	哎呀 飞儿老师 你真是个大玩家 我真服了你了(아6)
	화자<청자	화자<청자	+	능력	여-여	학생-교사	飞儿老师 我的舞蹈的确没你跳得好, 咱们再去比点别的怎样? (아6)
	화자<청자	화자<청자	+	외모	남-여	손자-할머니	真漂亮, 奶奶, 你看看。(상7)
	화자<청자	화자<청자	+	능력	남-여	손자-할머니	好吃。(상18)
	화자<청자	화자<청자	+	외모	남-여	배우-할머니	放心奶奶, 真的好看, 先放进袋子。(상7)
	화자<청자	화자<청자	+	능력	여-여	직원-상사	楊經理 妳猜的真準耶 (환4)
	화자<청자	화자<청자	+	인격	여-여	도우미-배우	我真是跟你处的时间越长, 我就越尊敬你。(상11)
	화자<청자	화자<청자	+	소유물	여-여	도우미-배우	好漂亮, 比咱们戏里定做的戲裝還漂亮。(상2)
2	화자<청자	화자<청자	-	능력	여-여	도우미-배우	嗯, 我可喜欢看您演的戏了。(상1)
	화자<청자	화자=청자	+	능력	여-남	배우-기자	你干得真棒。(상19)
3	화자<청자	화자=청자	+	능력	여-남	배우-기자	你这人不坏啊。还挺会安慰鼓励人的。(상10)

변인수	화·청자 사회변인			주제[88)	성별[89)	대화자 관계[90)	예문
	힘		친밀도				
	나이[91)	지위[92)					
	화자<청자	화자=청자	+	능력	여-남	배우-기자	你怎么变聪明了。(상17)
	화자<청자	화자=청자	+	능력	여-남	배우-기자	你还真会体贴人啊。(상12)
4	화자<청자	화자=청자	-	능력	남-남	분장사-중년화가	你画的真好。(상17)
5	화자<청자	화자>청자	+				
6	화자<청자	화자>청자	-				
	화자=청자	화자<청자	+	외모	남-여	분장사-배우	你笑起来真的很好看。(상13)
	화자=청자	화자<청자	+	성격	남-여	분장사-배우	我最喜欢你不做明星的时候，像个邻家女孩那么可爱。(상15)
	화자=청자	화자<청자	+	능력	남-여	분장사-배우	好香啊，做的不错，我的菜怎么焦成这样了，你怎么不帮我翻一下啊。(상20)
7	화자=청자	화자<청자	+	외모	남-여	분장사-배우	没，我只是觉得你穿这礼服，真漂亮。(상5)
	화자=청자	화자<청자	+	인격	남-여	분장사-배우	看的出来你平时做了不少功课。(상3)
	화자=청자	화자<청자	+	외모	남-여	분장사-배우	可是在我眼里，无论什么时候，你总是最美丽的。(상19)
	화자=청자	화자<청자	+	인격	남-여	분장사-배우	看不出来，你还挺敬业的嘛。(상10)
	화자=청자	화자<청자	+	행동	남-여	분장사-배우	这样很好，我觉得演员就是这样。(상3)
8	화자=청자	화자<청자	-	외모	여-남	직원-손님	我是这么觉得的，您的装束特别像白领的，所以这个特别适合您。(아1)
	화자=청자	화자=청자	+	능력	남-남	동료교사	奇怪了，高老师你一个单身男人，怎么懂那么煮饭的事情啊？(심12)
9	화자=청자	화자=청자	+	능력	남-남	동료교사	听说古老师对教学很有研究。(심1)
	화자=청자	화자=청자	+	외모	남-남	친구	波子穿這件外套還蠻帥的喔。(환3)
	화자=청자	화자=청자	+	인격	남-남	친구	看着你为自己的理

변인수	화·청자 사회변인			주제[88]	성별[89]	대화자 관계[90]	예문
	힘		친밀도				
	나이[91]	지위[92]					
							想不断努力我真的感到很钦佩啊(아19)
	화자=청자	화자=청자	+	행동	남-남	동급생	不过那动作好帅, 就象那个社交舞的伦巴。(십4)
	화자=청자	화자=청자	+	능력	남-남	친구	要我说绝对好 一级棒(아16)
	화자=청자	화자=청자	+	능력	남-여	룸메이트	刘恋 你的煎蛋啊, 真是不同凡响啊。(아9)
	화자=청자	화자=청자	+	능력	남-여	룸메이트	肯定好 一看就知道你手艺很好, 康平真是口福不浅呀(아3)
	화자=청자	화자=청자	+	능력	남-여	룸메이트	不错, 很有进步嘛。(아13)
	화자=청자	화자=청자	+	능력	남-여	동료교사	没想到夏老师平时挺文静的, 还真有两下子。(십9)
	화자=청자	화자=청자	+	능력	남-여	룸메이트	真香啊!(아3)
	화자=청자	화자=청자	+	능력	남-여	기자-배우	真的没想到, 我老婆原来这么样为别人着想, 看来我没看错人。(상17)
	화자=청자	화자=청자	+	성격	남-여	룸메이트	刘恋你是个好女孩, 你聪明能干温柔体贴, 我做梦都想能娶到一个像你这样的女孩。(아20)
	화자=청자	화자=청자	+	외모	남-여	친구	真是說出我的心聲啦。小南女神真是全世界最…可愛的妹妹了。(환7)
	화자=청자	화자=청자	+	외모	남-여	룸메이트	你的头发挺漂亮的。(아2)
	화자=청자	화자=청자	+	외모	남-여	룸메이트	挺合适的, 你看颜色款式都挺衬你的嘛, 再说现在很少有运动服能做到这么有个性。(아2)
	화자=청자	화자=청자	+	외모	남-여	룸메이트	不错, 挺精神的。(아3)
	화자=청자	화자=청자	+	외모	남-여	친구	我覺得你的眼睛好,

변인수	화·청자 사회변인 힘 나이91)	화·청자 사회변인 힘 지위92)	친밀도	주제88)	성별89)	대화자 관계90)	예문
							像會說話而且是說那種很好聽的話。(환6)
	화자=청자	화자=청자	+	외모	남-여	룸메이트	你制服学生的那一招绝。(아4)
	화자=청자	화자=청자	+	행동	남-여	룸메이트	我喜欢看你那种认真的表情, 你真是个称职的太太。(아15)
	화자=청자	화자=청자	+	행동	남-여	룸메이트	刘恋, 我今天看你在裔天面前落落大方的样子, 我真的很高兴(아15)
	화자=청자	화자=청자	+	능력	여-남	동급생	你的英语真的有进步啊。(십10)
	화자=청자	화자=청자	+	능력	여-남	여-남	挺丰盛的。(아2)
	화자=청자	화자=청자	+	능력	여-남	동창	我相信你有这个实力。(아12)
	화자=청자	화자=청자	+	능력	여-남	동급생	你真了不起。(아6)
	화자=청자	화자=청자	+	능력	여-남	룸메이트	太棒了, 稀饭烙饼。(상10)
	화자=청자	화자=청자	+	능력	여-남	룸메이트	这个最好吃了, 真是太好了, 我来上海还没吃过一顿像样的早餐呢(아1)
	화자=청자	화자=청자	+	능력	여-남	룸메이트	康平真看不出你还会做菜呢?(아10)
	화자=청자	화자=청자	+	능력	여-남	룸메이트	嗯, 真好吃, 这滋味就像老家的一样。(아10)
	화자=청자	화자=청자	+	능력	여-남	룸메이트	哇天呐!太逼真了。哇!我从来没有看过这么精彩的武打设计, 裔天你简直太棒了。三维动画身临其境, 音响效果太逼真了, 画面太漂亮了。武打动作新颖刺激, (아10)
	화자=청자	화자=청자	+	능력	여-남	룸메이트	反正我觉得特别好, 真的挺好的。(아10)
	화자=청자	화자=청자	+	능력	여-남	도우미-분장사	林晖, 什么时候也教

변인수	화·청자 사회변인			주제[88]	성별[89]	대화자 관계[90]	예문
	힘		친밀도				
	나이[91]	지위[92]					
							教我学怎么化妆呀。(상12)
	화자=청자	화자=청자	+	능력	여-남	룸메이트	你有魄力、有能力,而且事实证明你真的能干大事。裔天你真的是最棒的。(아19)
	화자=청자	화자=청자	+	대상	여-남	룸메이트	你是一个好人。(아4)
	화자=청자	화자=청자	+	성격	여-남	룸메이트	哎, 没想到你还挺幽默的吗。为什么你平时总是绷着脸呢? (아8)
	화자=청자	화자=청자	+	성격	여-남	동료교사	你实在是一个温柔的人。(십5)
	화자=청자	화자=청자	+	성격	여-남	동료교사	我觉得你们也很有骨气哦!(십18)
	화자=청자	화자=청자	+	성격	여-남	룸메이트	康平没想到你这么有意思啊!(상10)
	화자=청자	화자=청자	+	외모	여-남	룸메이트	挺精神的嘛, 大博士。(아3)
	화자=청자	화자=청자	+	외모	여-남	친구	喂, 你今天超可爱的。(환10)
	화자=청자	화자=청자	+	외모	여-남	친구	我覺得你拿酒瓶K色狼的時候好帥喔。(환4)
	화자=청자	화자=청자	+	행동	여-남	동료교사	这是有好的表现的奖赏。(십13)
	화자=청자	화자=청자	+	행동	여-남	동료교사	没想到今天你这么勇敢。
	화자=청자	화자=청자	+	외모	여-여	이웃	嗨,你好。 这么漂亮呀!(아4)
	화자=청자	화자=청자	+	능력	여-여	이웃	好吃, 真好吃。(아19)
	화자=청자	화자=청자	+	성격	여-여	동급생	你太好了, 你是我的活菩萨。(십4)
	화자=청자	화자=청자	+	성격	여-여	룸메이트친구	你是一个很热情的姑娘。(아19)
	화자=청자	화자=청자	+	능력	여-여	이웃	真够香的, 来得不如来得巧, 可真香啊。(아7)
	화자=청자	화자=청자	+	외모	여-여	룸메이트	这款戴上去挺好看的。(아18)

변인수	화·청자 사회변인			주제[88]	성별[89]	대화자 관계[90]	예문
	힘		친밀도				
	나이[91]	지위[92]					
10	화자=청자	화자=청자	-	능력	남-여	손님	哇塞! 好高啊! 是吧? (아13)
	화자=청자	화자=청자	-	능력	남-여	손님	你跳得真好。 我就喜欢看你这样跳。(아13)
	화자=청자	화자=청자	-	인격	여-여	간호사-배우	沈小姐你心地真好。(상5)
11	화자=청자	화자>청자	+	인격	여-남	배우-분장사	你对朋友都这么义气呀 (상4)
	화자=청자	화자>청자	+	능력	여-남	배우-분장사	那你挺有天分的。(상2)
	화자=청자	화자>청자	+	능력	여-남	배우-분장사	你朋友真多? (상2)
	화자=청자	화자>청자	+	인격	여-남	배우-분장사	你還真熱心。(상2)
	화자=청자	화자>청자	+	능력	여-남	배우-분장사	上海男人果然名不虚传。(상5)
	화자=청자	화자>청자	+	소유물	여-남	배우-분장사	你给我的卸妆油真的很好用。(상5)
	화자=청자	화자>청자	+	인격	여-남	배우-분장사	以前, 从来没有人, 象你这么恳切地站在我的立场替我想得那么多的。(상10)
	화자=청자	화자>청자	+	인격	여-남	배우-분장사	林晖。你真好。(상2)
	화자=청자	화자>청자	+	능력	여-남	배우-분장사	好香呀。(상14)
	화자=청자	화자>청자	+	능력	여-남	주임-교사	古老师果然是教语文的, 文学造诣就是不一样。(십14)
	화자=청자	화자>청자	+	대상	남-여	분장사-배우	你是个好女孩, 谁娶了你都会幸福的。(상16)
12	화자=청자	화자>청자	-				
13	화자>청자	화자<청자	+				
14	화자>청자	화자<청자	-				
15	화자>청자	화자=청자	+	능력	남-여	기자-배우	真的不错呀。(상9)
	화자>청자	화자=청자	+	능력	남-여	배우-배우	要是你去演, 肯定好。(상11)
	화자>청자	화자=청자	+	외모	남-여	기자-배우	我觉得你以后可能不但是一个影视红星, 而且具备有当广告明星的潜质呢!(상2)
	화자>청자	화자=청자	+	성격	남-여	기자-배우	那太多了。你善良,

변인수	화·청자 사회변인			주제[88]	성별[89]	대화자 관계[90]	예문
	힘		친밀도				
	나이[91]	지위[92]					
							快乐，勇敢，大方，乐于助人。(상15)
	화자>청자	화자=청자	+	외모	남-여	기자-배우	你和沈伊婷比起来，那不是年轻漂亮多了。(상7)
	화자>청자	화자=청자	+	능력	남-여	배우-배우	我觉得你让我成熟了不少。(상19)
16	화자>청자	화자=청자	-	능력	남-남	현장감독-도움준 사람	好小子身手不凡呀 (상12)
	화자>청자	화자=청자	-	대상	남-남	중년화가-분장사	当然了，还有你这么好的朋友。(상16)
	화자>청자	화자=청자	-	능력	남-남	중년화가-분장사	但在你很不错。(상16)
	화자>청자	화자=청자	-	외모	남-여	상사-젊은 여성	你很漂亮啊。(상18)
17	화자>청자	화자>청자	+	능력	남-남	상사-직원	你是一个很有能力的人。(상13)
	화자>청자	화자>청자	+	행동	남-남	교사-학생	挺可爱的嘛。(십1)
	화자>청자	화자>청자	+	능력	남-남	교사-학생	余一飞啊，最近你的学习成绩很有气色啊。(십9)
	화자>청자	화자>청자	+	행동	남-남	교사-학생	非常好。(십11)
	화자>청자	화자>청자	+	능력	남-여	교사-학생	完全正确。不错。(십4)
	화자>청자	화자>청자	+	행동	남-남	교사-학생	很好。(십11)
	화자>청자	화자>청자	+	소유물	남-여	교장-교사	这房间真干净。(아3)
	화자>청자	화자>청자	+	능력	남-남	상사-직원	你的企划很精彩也很有创意我也很钦佩，可是你回来的不是时候现实毕竟是现实。(상2)
	화자>청자	화자>청자	+	능력	남-남	상사-직원	你是公司的骨干，我对你的要求总要比别人高。(상11)
	화자>청자	화자>청자	+	대상	남-여	사장-직원	妳應該知道霍伯伯一直很欣賞妳，幾乎就認定了妳以後要做我的兒媳婦。(환10)
	화자>청자	화자>청자	+	능력	여-남	교사-학생	很好，你进步了10分整整10分，终于飞过60大关了。(십10)
	화자>청자	화자>청자	+	능력	여-남	교사-학생	余一飞有进步，不过下次也要努力哦。就像上次一样，勇敢

변인수	화·청자 사회변인		친밀도	주제[88]	성별[89]	대화자 관계[90]	예문
	힘						
	나이[91]	지위[92]					
							地跟外国人讲话, 老师相信你能够成功的。(심9)
	화자>청자	화자>청자	+	능력	여-남	할머니-손자	好吃, 想不到我们晓辉还会做洋面条。(상7)
	화자>청자	화자>청자	+	능력	남-남	감독-배우	小余你越来越像热血青年了。(상2)
	화자>청자	화자>청자	+	능력	남-여	감독-배우	这场戏拍得非常精彩就差那么一点了。(상18)
	화자>청자	화자>청자	+	능력	남-여	감독-배우	沈小姐, 这段戏演的真棒。(상9)
	화자>청자	화자>청자	+	능력	남-여	감독-배우	这次的眼神中有热情但又带着含蓄, 非常好, 看来休息两天, 果然是有好处。(상3)
18	화자>청자	화자>청자	-	능력	남-남	배달원-학생	你画的挺不错的。(심15)

　중국어 칭찬 화행에서 사회적 변인에 따른 칭찬어의 취사선택의 유형을 살펴보기 위해 드라마 자료를 기초로 각 문장의 의미자질을 분석한 결과 다음과 같은 결과를 얻었다. 중국 드라마 원천 자료 136개 가운데 120개의 개별 발화의 의미자질의 분석이 가능했다. 자세한 내용은 다음과 같다.

---

88) 칭찬의 주제는 대화자에서 나타난 것으로 선정한다. 음식솜씨도 능력으로 인정하여 능력에 포함하였다.

89) 앞쪽이 화자가 되고 뒤쪽이 청자가 된다. 성별 변인은 4가지로 나타난다. 가: 남자(화자)->남자(청자), 나: 남자->여자, 다: 여자->여자, 라: 여자->남자

90) 드라마를 보면서 이들의 관계를 파악하였다.

91) 등장인물의 나이를 판단하기 위해 중국학생들 2인과 함께 상의하였다. 의견 교환 이후에도 나이가 명확하게 드러나지 않은 경우에는 일반적인 상황을 기준으로 구분하였다.

92) 지위는 명시적으로 알 수 있는 사회적인 지위관계뿐 아니라 가족 간에도 서열이 구별될 수 있는 대화자일 경우 분류를 따로 하였다.

1) 사회적 변인

분석자료 가운데 칭찬발화가 가장 활발하게 일어난 상위 3개는 다음과 같다.

> 나이: 화자=청자, 지위: 화자=청자, 친밀감이 있다 (41%)
> 나이: 화자>청자, 지위: 화자>청자, 친밀감이 있다 (14%)
> 나이: 화자<청자, 지위: 화자<청자, 친밀감이 있다 (12%)

위의 결과에서 볼 수 있듯이 중국어 칭찬발화는 사회적 변인 가운데 연령이 비슷하고 지위도 비슷하면서 친분이 있는 사이에서 칭찬화행이 가장 활발하게 일어났다. 다음으로는 화자의 나이가 많고 지위도 청자보다 높은 경우에 많이 일어났으며, 다음으로는 청자가 연령이나 지위가 모두 낮지만 친분이 있는 경우로 나타났다. 중국어 칭찬은 화·청자의 사회적 변인이 비슷할 경우 가장 자연스러운 상태에서 일어났다. 아래는 중국의 경우 칭찬 화행이 일어나지 않은 사회적인 변인의 예이다.

① 화자가 청자보다 나이가 많고 지위는 청자보다 낮지만 친분이 있을 때
② 화자가 청자보다 나이가 많고 지위도 청자보다 낮으며 친분이 없을 때
③ 화·청자의 연령이 비슷하지만 화자가 청자보다 지위가 높고 친분이 없을 때
④ 화자가 청자보다 나이가 어리지만 지위는 화자가 더 높으면서 친분이 있을 때
⑤ 화자가 청자보다 나이가 어리지만 지위는 화자가 더 높으면서 친분이 없을 때

중국의 경우 칭찬 화행이 모두 5개의 변인 사이에서 일어나지 않

았다. 이는 한국어 상황보다는 다소 여러 사회적 환경에서 칭찬이 이루어지고 있음을 나타낸다.

2) 친밀감

중국어 칭찬 화행에서 친밀감이 없는 경우에도 칭찬 화행이 일어난 것으로 나타났다. 파티석상에서 중년남자가 젊은 여성에게 외모를 칭찬하는 경우와 택배원이 수취인 그림을 칭찬하는 경우, 지나던 청년이 공사장 인부들을 돕고자 나설 때, 처음 보는 여성이 발레연습을 하는 것을 보면서, 혹은 점원이 손님의 외모를 보고 하는 칭찬이나 간호사가 문병 온 사람을 보고 칭찬을 하는[93] 등의 경우가 이에 해당한다.

중국어 칭찬어 드라마 분석자료 가운데 10개가 면식이 없고 친밀감이 형성되지 않은 관계 사이에서 일어난 칭찬으로 이는 전체 7%에 해당한다. 이 수치는 한국과 크게 다르지 않다. 그런데 화청자의 면식이 없는 가운데 칭찬이 일어나는 것은 주로 화자가 나이가 많거나 비슷할 때, 지위가 비슷할 때 가능한 것으로 나타났다.

선행연구[94]의 지적에 따르면 중국에서 낯선 남성이 여성의 외모를 칭찬하는 것에 대해 금기시한다고 하였다. 또 이는 중국문화와 서양문화의 차이로 보고 영·중 칭찬 화행 연구에서 대표적으로 거론되는 칭찬 주제이다. 그러나 이번 연구에서 사용된 드라마 분석 자료에서 낯선 남성이 파티석상에서 낯선 여성의 외모를 칭찬하는 장면이

---

93) 물론 서비스접점에서 일어나는 칭찬은 진심어린 칭찬이 아닐 수 있으나 칭찬발화자가 "진심으로"라는 단어를 사용했기 때문에 칭찬어로 포함시켰다.

94) 石宁, 「英汉称赞语之比较」, 『中国人民大学学报』第4期, 1997, p.86.

있다. 이러한 변화는 중국의 칭찬 화행에서 남녀 간의 칭찬을 금지하는 주제에 대해 조금씩 변화가 일어나고 있음을 말해 주고 있는데 이 칭찬 화행이 파티석상에서 일어났다는 점을 고려한다면 중국사회의 변화와 함께 언어활동도 점차 변하고 있다고 설명할 수 있다.

3) 성별

남성이 여성을 칭찬하는 경우와 여성이 남성을 칭찬하는 경우가 비슷하게 나타났다. 이는 한국의 경우 남성이 여성을 칭찬하는 비율(54%)이 가장 높았고 여성이 남성을 칭찬하는 비율(18%)은 비교적 낮았던 것과는 다소 차이를 보인다.

<blockquote>
남→여 47개 (35%)   여→남 42개 (31%)

남→남 23개 (17%)   여→여 16개 (12%)
</blockquote>

4) 칭찬 주제

칭찬의 주제는 능력이 가장 높았다. 외모는 18%로 상당히 저조했는데 이는 한국의 경우 능력(36%)과 외모(32%)가 고르게 나타난 것과 좋은 대조를 이룬다.

<blockquote>
능력: 62(52%) 외모: 22(18%) 소유물: 3(3%) 대상자체: 4(3%) 행동: 10(8%) 인격: 9(8%) 성격: 10(8%)
</blockquote>

선행연구와 비교하면 칭찬의 주제가 점차 바뀌고 있음을 알 수 있는데 이러한 변화는 현대인들의 가치관이 변화고 있음을 나타내는 것으로 분석할 수 있다.

6.3 소결

한국과 중국의 칭찬 화행에서 칭찬 화행이 일어나지 않는 사회적 변인이 다소 차이가 있다. 위의 분석결과에서도 나타난 것과 같이 한·중 모두 친한 관계에 있는 사람들 간의 칭찬 발생빈도가 높은 것을 볼 수 있다. 이는 또래 간의 허물없는 친근감과 공동의 가치관을 가지고 있었기 때문으로 분석할 수 있다. 그러나 다양한 사회적 변인에서는 양국의 칭찬 화행이 차이가 컸다.

이러한 차이는 학습자의 학습에 어려움이나 사용에 있어서 실수를 가지고 올 수 있다. 한국어 학습자의 경우 중국의 경우와 한국의 경우를 살펴서 효과적인 친교활동을 할 수 있도록 학습지도안을 마련해야 한다. 한국어가 능숙하지 못한 중국인 한국어 학습자가 한국의 사회적 변인에 따른 칭찬 화행을 제대로 수행하지 못했을 때 칭찬의도가 왜곡 될 가능성이 크기 때문이다. 학습자는 어떤 변인에서 칭찬이 자유로운지, 또 어떤 변인에서 칭찬 화행이 잘 일어나지 않는지 주의를 기울여야 한다. 무엇보다 한국사회의 연령과 지위에 대한 심리적 거리가 중국보다 멀기 때문에 예의 있는 칭찬발화가 이루어져야 칭찬이 갖는 상대를 기쁘게 하고 서로의 유대관계를 부드럽게 하는 효과를 온전히 가져올 수 있을 것이다.

제7장

한·중 칭찬어 분석 결과 대조

칭찬이 화자의 칭찬대상에 대한 평가적이고 감상적인 느낌이나 생각을 표현하는 것이기 때문에 칭찬어의 절대다수가 형용사 서술어로 사용된다. 중국어 칭찬어의 경우도 대부분이 형용사의 쓰임이 많이 나타난다. 그러나 한국어와 중국어의 언어 유형학적 차이로 한국어는 형용사 하나만으로 칭찬이 가능하지만 중국어는 비교나 의문, 결과를 나타낼 때를 제외하고 대부분 부사 '很'의 수식을 받는다.[95]

7.1 칭찬어 문장 성분 대조

한·중 칭찬어 대조에서 문장 성분의 특징을 다음과 같이 정리할 수 있다.

1) 주어의 특징

가. 한국

① 주어는 자주 생략된다. 대화에서 주어를 사용하지 않아도 대화의 진행에 방해가 되지 않는다.

---

95) 물론 "高!(대단하다)", "漂亮!(멋있다)"처럼 단독으로 감탄형 칭찬을 하는 경우가 있기는 하나 이번 조사에서는 나타나지 않았다.

② 주어를 사용할 때는 '당신'이라는 말보다 상대의 이름 혹은 관계, 직함 등을 직접 부른다.

나. 중국어

① 상대를 칭찬하는 문장의 경우 2인칭 주어가 대부분이다.
② 독립어와 주어가 함께 쓰이는 문장이 많다.

2) 술어의 특징

가. 한국어

① 일반적으로 긍정적인 의미가 있는 형용사를 많이 쓴다. 예로 '예쁘다, 좋다, 괜찮다' 등이다.

② 동사: 일반적으로 동사는 단독으로 사용하지 않는다. 단 '잘되다', '잘하다', '잘생기다' 등은 단독으로 사용할 수 있다.

③ 명사: 명사로 칭찬어를 사용하는 예는 많지 않았지만 'N답다', 'N같다', 'N(이)다'의 형태는 찾아볼 수 있었다.

④ 부사+형용사: 칭찬어에 자주 사용되는 부사는 너무, 무척, 아주, 꽤, 얼마나, 역시 등과 정말, 진짜, 참 등이 사용되었다.

⑤ 부사+동사: '잘'과 같은 일부 부사는 동사와만 결합하여 사용한다. '잘+V'의 경우 정도를 나타내는 부사를 앞에 두어 수식을 받을 수 있다. 함께 사용이 가능한 부사는 정말, 참, 너무, 무척, 아주, 꽤, 얼마나, 역시 등이다.

나. 중국어

① 형용사: 칭찬에 사용되는 형용사는 대부분 긍정적인 의미를 가지고 있다. 예로 '漂亮, 好, 棒, 不错, 好看, 帅' 등이 있다.

② 동사: 동사도 칭찬을 표현할 수 있다. 칭찬어에서 주로 사용하는 동사는 '是, 有'이다. 이들은 판단과 존재를 나타내는 어휘로 상대를 평가하거나 상대가 '어떠한~것을 지니고 있다'는 의미를 나타낼 때 사용한다. '是~'는 한국어의 'N(이)다' 구조와 비슷하다.

③ 명사로 긍정적인 의미를 나타낼 수 있다.

④ 부사+형용사: 칭찬어에 자주 사용되는 구조이며 이때 부사어는 정도를 나타내는 부사 '很, 挺, 非常, 真' 등이 사용되고, 형용사도 이들 부사와 잘 결합하여 쓰이는 데 주로 ① 에 제시한 긍정 의미의 형용사들이 함께 쓰인다.

⑤ 전치사구로 긍정적인 의미를 나타내어 칭찬어에 활용할 수 있다.

3) 문장 구조의 특징

칭찬화행에서 자주 나타나는 문장성분을 분석한 결과 아래의 유형들이 주로 사용된 것으로 나타났다.

가. 한국어

① (독립어)+주어+부사어+서술어

② (독립어)+부사어+서술어

③ (독립어)+서술어

④ (독립어)+주어+서술어

⑤ 부사어+주어+서술어

⑥ (독립어)+주어+목적어+서술어

⑦ (독립어)+목적어+부사어+서술어

⑧ 관형어+주어+부사어+서술어

⑨ 관형어+주어+서술어

⑩ (독립어)+목적어+서술어

나. 중국어

① (독립어)+주어+부사어+술어

② (독립어)+부사어+술어

③ 주어+부사어+술어+목적어

④ (독립어)+주어+술어+목적어

⑤ 주어+술어+得+보어

⑥ (독립어)+주어+술어

⑦ 술어+得+보어

⑧ (독립어)+술어+목적어

⑨ (독립어)+부사어+술어+목적어

⑩ (독립어)+술어

　　위의 분석에서 나타난 것처럼 한국어와 중국어 모두 칭찬어 문장
으로 형용사 서술어를 선호하고 있었으며 형용사 서술어는 대부분
정도부사의 수식으로 그 정도가 강화된 상태로 사용하고 있었다. 문
장 분석을 통해 한국어 칭찬어 문장 구조와 중국어 칭찬어 문장 구
조를 대조한 결과 몇 가지 비슷한 점과 다른 점을 찾아낼 수 있었다.

4) 유사점

가. 칭찬어 문장 구조

양국 칭찬화행에서 문장의 구조는 주어+부사어+술어의 형태가 가장 많이 나타나 칭찬어 선호 구조로 분류할 수 있다.[96]

> 머릿결 너무 좋다.
> 发型真帅(머리모양 참 멋있다.)

나. 비교 혹은 비유의 칭찬

일부 칭찬어는 비교나 비유의 방식으로 상대를 칭찬하고 있었다.

> TV 보는 것보다 너한테 이야기 듣는 게 더 재밌다.
> 你和沈伊婷比起来, 不是更年轻漂亮。(너는 선이팅과 비교하면 훨씬 젊고 예쁘잖아.)

다. 자주 결합하는 부사어가 존재함

칭찬어 문장에서 형용사 서술어는 대부분 부사어의 수식을 받게 되는데 한중 칭찬어 모두에서 해당 형용사를 강조하는 부사가 있으며 2개 이상의 부사로부터 수식을 받는 예도 나타났다.

> 중국어 정말 참 잘하시네요.
> 你真的太可爱。(너 정말 너무 귀엽다.)

라. 칭찬으로 시작하는 대화

영어에서는 칭찬으로 대화의 문을 여는 경우가 많다고 한다. 한국과 중국의 경우는 어떠한지 살펴보면 우선 대화의 처음 부분에 나타

---

96) 賈玉新(1997:364)에 따르면 중국어 칭찬어 전체 자료 문장에서 67%를 차지한다고 하였다.

날 수 있는 문장들은 독립어로 시작하는 경우가 많다. 이는 상대방의 새로운 모습을 발견하거나 새로운 무엇을 발견했을 때 칭찬하는 경우가 많기 때문이다. 따라서 감탄을 나타내는 독립어나 오늘, 최근(今天, 最近) 등과 같은 시간을 나타내는 단어들이 함께 쓰인 칭찬어는 화두를 여는 첫 발화가 될 가능성이 많다.[97]

> 선배 오늘 너무 멋져요.
> 哦, 今天好漂亮。 (와. 오늘 참 예쁘다.)

5) 차이점

가. 주어 없이 칭찬화행이 일어남

칭찬어 발화에서 한국어는 주어가 생략되는 예가 많고 1인칭 주어를 잘 사용하지 않으며 2인칭 주어도 실제 대화에서 자주 나타나지 않았다. 중국어에서도 1인칭 주어를 사용하는 예는 드물었지만 대부분 2인칭 주어를 사용하여 상대방을 지칭하면서 칭찬하는 경우가 상대적으로 많았다. 한국 칭찬어에서 주어가 생략된 문장이 202개로 전체 325개 문장의 62%를 차지한다. 반면 중국 칭찬어에서는 전체 404개에서 약 17%인 70개 문장에서 주어가 나타나지 않았다.[98]

---

97) Manes & Wolfson(1981)은 칭찬어가 의사소통 과정에서 일어나는 것이기 때문에 발화의 선후를 가리지 않는다고 했지만 오랜만에 만나거나 상대를 처음 보았을 때 상대의 변화를 알아차리는 것은 아무래도 대화를 시작하는 시작어 부분일 가능성이 크다. 특히 오랜만에 만나서 "와 오랜만이다. 예뻐졌다."라는 표현은 늘 의례적인 칭찬이기도 하지만 화두의 위치에 놓이는 경우가 많은 것을 볼 때 더욱 그렇다. 본 연구의 분석 자료에서 칭찬어로 대화를 시작하는 예문은 한국어에서 26개, 중국어에서 13개 정도로 아직 그리 많지는 않지만 칭찬을 권장하는 현대 사회에서 인사화행 다음으로 발화 개시어로 사용될 가능성은 열려 있다고 본다.

98) 한국어 분석문장 325와 중국어 분석문장 404개는 드라마드라마와 DCT 설문조사를 통해 추출한 문장을 문장단위로 분석하기 위해 가공한 자료의 합이다. 본 연구에서는 분석 자료를 이분화시켰다. 첫째, 문장 성분 분석과 유형 분류에서는 한 사람이 한 번의 말차례에 하는 모든 발화들 가운데 칭찬어가 들어있는 문장이 단문으로 연결되어 있으면 각각의 것을 하나씩 계산하여 전체 칭찬어 문장 성분 분석 자료로 사용하였다. 둘째, 의미자질 분석에서는 한사람

나. 호칭과 주어를 함께 사용함

독립어+주어의 형태로 분류된 칭찬어는 중국어 칭찬화행에서 상대적으로 많이 나타났다. 특히 한국어 칭찬화행에서는 상대방을 호칭하고 주어를 다시 사용한 예가 많지 않은데 비해 중국 칭찬어에서는 호칭으로 상대방의 주위를 환기시키고 이어 주어를 사용하여 칭찬의 내용을 발화하는 예가 많았다.

> 민주 너도 언제 봐도 기분 좋고.
> 小余你越来越像热血青年了。(샤오위 자넨 점점 더 열혈청년다워지는군.)

다. 형용사만으로 칭찬화행이 이루어짐

한국어와 중국어 의미의 형용사를 칭찬어로 사용할 수 있고 짧은 단어구조로 칭찬의미를 나타낼 수 있다. 그러나 한국어의 경우 형용사가 직접 서술어로 부사어와의 결합 없이도 "예쁘다."와 같이 칭찬어 문장으로의 기능을 한다. 그러나 중국어의 경우 형용사 단독으로 서술어를 하는 경우는 감탄의 형식으로 사용되는 경우를 제외하고는 대부분 '很+漂亮', '真+棒', '挺+好的'과 같이 부사의 수식을 받는다.

라. 정도보어나 결과보어를 사용한 칭찬어

한국 칭찬어에서는 나타나지 않았지만 중국 칭찬어는 보어 문장을 사용한 예가 많이 보인다. 이는 한중 언어 차이로 문장 배열 구조

의 말차례에 한 모든 발화는 하나로 계산하고 드라마에서 추출한 문장만을 사용했다. 이유는 DCT 자료는 자의성이 강해서 사회적 변인을 분석할 때 자의성이 개입될 가능성이 있기 때문이다. 의미자질 분석에서는 사회적 변인에 따라 칭찬발화가 어떻게 일어나는가를 보기 위한 분석이었기 때문에 개별 문장에 대한 자세한 분석이 불필요했지만 문장 성분 분석에서는 중국어 칭찬어의 문장 성분 특징을 보려는 것이었기 때문에 앞 뒤 문장이 이어진 문장이 아니라면 단문과 구의 형태까지 하나씩 분리해서 계산했다.

가 다르기 때문이다. 중국어는 서술어 뒤에서 서술어를 보충 설명하는 기능을 하는 보어구조가 있다. 이런 구조는 동사술어의 동작 이후 나타난 결과적 상태를 평가하는 기능을 한다. 중국 칭찬어에 주로 사용된 보어는 정도보어로 "做得很好。"는 '술어+得+(정도)보어'로 구성되며 '참 잘 했다'는 의미를 나타낸다. 여기서 보어 표지인 '得' 뒤에 사용된 '부사+형용사'는 동작의 정도를 설명한다.

중국인 한국어 학습자는 한국어와 중국어의 술어 위치가 다르고 화행에 따른 문장구조도 다르기 때문에 학습에 어려움을 겪을 수 있다.

마. '부사어+N(이)다'와 '부사어+N+的'

명사술어를 사용할 경우 한국어 칭찬어는 대부분 종결어미 '-야, -이다, - 입니다, -이에요/예요' 등이 붙어 칭찬어 문장의 술어로 사용되었고, 중국어는 '부사어+N+的'가 사용되었다. 중국어 문장 어말에 오는 '的'은 어기조사이며 문장을 마감하는 일종의 담화표지로 이곳에서는 부사어와 호응하여 명사가 술어의 기능할 수 있도록 한다.

7.2 표현문형 특징

가. 형용사 사용도가 높다.

한중 칭찬어에서 가장 많이 사용되는 품사는 형용사로 한국과 중국에서 모두 형용사서술어로 칭찬하는 예가 많이 보였다. 특히 한국어에서는 "예쁘다.", "귀엽다", "멋있다." "좋다." 등을 직접 사용하였고 중국어에서는 "酷, 好看, 好吃, 不错" 등이 보인다. 긍정 의미의 형용사는 의사소통상황에서 상대를 직접 칭찬하는 칭찬어로 쓸 수 있어 한중 칭찬어 모두에서 형용사 칭찬어가 많이 나타났다.

　나. 칭찬의 정도를 높이는 부사를 사용한다.
　한중 칭찬어 모두 정도부사와 형용사의 결합을 통해 칭찬의 정도를 강조하고 있다. 칭찬어에 자주 사용되는 부사는 '정말', '진짜', '너무', '무척', '아주' 등과 '真', '很', '挺', '非常', '最', '好' 등이다. 이런 부사들은 자주 결합하는 형용사와 하나의 단어처럼 굳어져 사용된다.

　다. 동사서술어 칭찬어는 칭찬의 표지를 갖는다.
　한국어에서 동사술어로 칭찬을 할 때 부사 '잘'과 자주 결합한다. 예를 들어 "잘+먹다", "잘+쓰다"처럼 사용하면 칭찬으로의 기능을 나타낼 수 있다. 중국어 판단 동사 '是'는 정말 그러하다는 강조의 의미를 나타낼 수 있어 정도부사 '真'을 결합해서 칭찬어에 사용하면 "您的气质真是好。(성품이 정말 좋으십니다.)"처럼 칭찬의 의미를 강조할 수 있다. 또 '很'은 동사 '有'와 결합하면 '매우 그렇다'는 의미가 훨씬 강조되어 칭찬의 의미로 받아들여지게 된다.(施家炜 2000:43)

　라. 명사서술어로도 칭찬 화행이 가능하다.
　한국어에서 명사 뒤에 서술격 조사를 쓰면 문장이 종결된다. 칭찬 화행에서 명사술어 칭찬어도 자주 사용되는데 예를 들면 "제법이다.", "최고다.", "교수님답다" 등이다. 명사접미사 '-답다'를 붙여 "N-

답다"로 쓰면 칭찬어로 받아들여진다. 또 일부 명사는 "역시 전천후야"에서 보듯이 부사의 수식을 받아 칭찬어로 쓰인다. 중국어에서도 상대를 긍정적으로 평가하는 명사성분이 어기조사나 정도부사와 결합해서 칭찬어로 사용된다. 예를 들어 '挺+男人+的'는 "꽤 남성답다."라는 의미로 쓰인다. 본 연구의 분석 자료는 아니지만 "女强人+啊!(파워우먼!)"라는 말도 있는데 이 말은 한국어의 "여장부시군요!"와 비슷한 의미다.

그러나 모든 명사성 어휘가 이러한 형태로 칭찬어 기능을 하는 것이 아니기 때문에 학습자들이 어휘를 선택하는 데 주의하도록 해야 한다. 예를 들어 최근 인터넷에서 자주 사용되는 "很女人(매우 여성스럽다)", "很男人(매우 남자답다)"은 상대를 칭찬하는 의미가 있지만 "很社会(카리스마가 있는 사람, 건달, 무뢰한)"는 칭찬의 의미가 아닐 수 있기 때문이다.

마. 연령에 따른 어휘선택

① 젊음에 대한 선호도는 한국과 중국 칭찬어에서 모두 나타났다.

젊어 보인다.
越来越年轻了。 (갈수록 젊어지십니다.)

② 나이든 사람들이 주로 사용하는 어휘가 있다.

기특하네.
很乖 (착하다)

③ 젊은이들이 주로 사용하는 어휘가 있다.

짱 멋있어. 얼짱이다.
酷 (쿨하다) 很帅 (멋있다)

바. 시대성[99]을 반영하는 어휘가 있다.

날씬하다. 재밌다.
挺幽默的 (유머가 있다)

'날씬하다'는 현대여성 혹은 남성들의 대화 가운데 자주 등장하는
어휘로 상대에게 이 표현을 쓰면 기분 좋게 느낀다. 또 "挺幽默的"
는 유머가 칭찬의 주제로 사용된다는 것은 중국사회가 유머가 있는
사람을 좋아하고 유머가 있기를 바라는 마음을 담고 있다고 볼 수
있다. 한국어의 '재밌다'도 사람에게 칭찬의 목적으로 쓰면 유머가
있는 사람이라는 표현이 된다.

⑦ 영어를 그대로 사용한다.

(한국자료) You are so beautiful.
(중국자료) made in heaven

한국어나 중국어 칭찬 자료에서 외국어를 사용하는 예를 쉽게 찾
아볼 수 있다. 물론 이 부분은 언어사회학적인 분석의 도움을 받아
야 정확하겠지만 우리 일상생활에서 "Sorry"나 "Thank you"도 쉽게
사용하거나 들을 수 있는 외래어인 것처럼 칭찬에도 "Good"이나

---

99) 분석자료 가운데 "드라이버가 잘 맞는다."는 표현이 있는데 여기서 '드라이브'는 골프용어로
   직접적인 칭찬어는 아니지만 앞으로 현대인들이 즐기는 스포츠와 관련된 새로운 용어들이 칭
   찬어에도 나타날 수 있다.

"Nice" 혹은 위의 예처럼 친숙한 영어표현이 자주 사용되고 있다고 하겠다.

⑧ 관용적 어휘나 문장을 사용한다.

> 우리 정우 색싯감은 횡재하는 거야.
> 내가 우리 여진이 덕에 호강하는구나.
> 你是我的活菩萨。 (넌 나의 구세주야)
> 谁娶了你都会幸福。 (널 데려가는 사람은 행복할거야)

보통 중국어에서 긍정적 의미의 전고(典故)를 사용하여 칭찬하는 예가 많은데 이번 연구에서는 성어나 속담 등 고정적인 표현을 사용하여 상대방을 칭찬하는 예가 비교적 적게 나타났다. 이러한 결과가 도출된 이유는 본 연구가 직접적인 칭찬발화를 연구 대상으로 선정을 했다는 것과 자료의 출처의 범위가 넓지 못했던 점에 있다고 본다. 연구 범위를 보다 확대해서 자료를 수집 정리한다면 보다 풍부한 칭찬발화의 어휘특징들을 살펴볼 수 있을 것이다.

사. 의문형태의 칭찬어가 있다.
칭찬어를 강조할 때 사용하는 '어쩌면 이렇게(그렇게)'라는 표현은 한중 칭찬어 모두에서 나타났다.

> 어떻게 그렇게 공부를 잘하셨어요?
> 你化妆化得怎么这么好?" (어쩌면 그렇게 화장을 예쁘게 하셨어요?[100])

---

100) 이곳에서 중국어의 주어인 '你'를 번역하지 않은 것은 마땅한 대응어를 찾지 못해서이다. 중국어는 상대의 지위, 나이, 친밀도 등을 고려하지 않고 상대방을 2인칭으로 지칭한다. 그러나

이러한 표현은 칭찬이 상대방의 좋은 점을 발견하고 그것에 대해 인정과 감탄을 표현하는 것이기 때문에 청자의 대답을 필연적으로 요구하지 않는 질문형식으로 상대의 좋은 점을 더욱 부각시키는 표현이라고 본다.

일반적인 대화에서 +[질문]은 +[응답]을 기대하지만 칭찬은 +[질문]이 꼭 +[응답]을 동반하지 않는다. +[응답]일 경우 오히려 칭찬의 의미가 감소될 수 있다. 한국어 칭찬화행에서 칭찬의 의미를 담은 질문형 칭찬어에 학습자들이 당황하지 않도록 다양한 칭찬표현을 교수할 필요가 있다.

아. 한·중 모두 칭찬에만 사용하는 전형적 표현이 있었다. 예를 들면 "시집가면(결혼하면) 잘 살겠어요."라는 표현은 대부분 결혼하지 않은 여성에게 하는 표현이다. 청자의 성실함과 지혜로움을 통해 그 집안이 잘될 수 있다는 의미로 예언·축복과 같은 기능을 한다. 그런데 이와 비슷한 중국어 표현은 "谁娶了你都会幸福的。"로 "누가 당신을 아내로 맞이하든 그 사람은 행복할 것입니다."라는 의미를 갖는다.

넌 정말 시집가서 잘 살 거야.
谁娶了你都会幸福的。 (너를 데려가는 사람은 복 받은 거야.)

이러한 표현은 문화적 이해가 요구된다. 비록 비슷한 축복의 칭찬이지만 한국어는 시집을 간다는 표현을 써서 칭찬 대상을 포함해서

한국어의 2인칭은 너, 당신 등 극히 제한된 몇 개로 사용되고 대부분 상대방의 지위나 가족관계, 호칭으로 대신하는 경우가 많기 때문에 이곳에서 상대의 신분을 무엇으로 판단할 지 알 수 없어 주어를 생략했고 또 이러한 번역이 자연스럽게 느껴졌기 때문이다.

시집간 집안을 잘 살게 한다는 의미로 쓰였고, 중국어는 너를 데리고 가는 사람에게 행복이 있다는 의미로 이 표현을 사용하고 있다. 즉 칭찬대상보다 칭찬대상을 아내로 맞이하는 사람이 행복하다는 의미로 쓴다. 위의 예처럼 한국어에서 사용하는 전형적인 칭찬표현과 비슷한 예를 중국어에서도 찾을 수 있었지만 비슷한 표현이라고 해도 해도 어휘나 문장이 내포한 의미의 값이 동일하지 않을 수 있다. 따라서 문화적 이해 없이 단순하게 직역해서 "누가 너를 데리고 가던지 행복할거야"라고 한다면 한국적인 칭찬의미와는 거리가 있는 칭찬표현이 된다.

7.3 의미자질 특징

아래의 표는 한국어와 중국어 칭찬어 의미자질에 대한 결과분석표이다. 구체적으로는 사회적 변인과 성별에 따른 칭찬 주제별 발화 양상을 살펴본 것이다. 이곳에서 보이는 빈도지수는 각 사회적 변인에 따라 조금씩 차이가 있다. 분석 결과를 살펴보면 다음과 같다.

<표 12> 한국 칭찬어 의미자질 분석 통계표

한국 칭찬어 의미자질 분석표												
No	사회적 변인			성별	주제							합계	
	나이	지위	친분		능력	외모	소유물	대상자체	행동	인격	성격	성별합계	변인별합계(%)
1	화<청	화<청	+	남-남	1		1	3				5	18(12%)
				남-여		1	1	3		1		6	
				여-남	1	3						4	
				여-여	3							3	

번호	화/청	화/청	부호	성별								소계	주제별 합계
2	화<청	화<청	-	남-남								0	2(1%)
				남-여								0	
				여-남						1		1	
				여-여		1						1	
3	화<청	화=청	+	남-남								0	1(1%)
				남-여								0	
				여-남								0	
				여-여		1						1	
4	화<청	화>청	+	남-남								0	2(1%)
				남-여		1						1	
				여-남								0	
				여-여			1					1	
5	화=청	화<청	+	남-남								0	3(2%)
				남-여	1		1		1			3	
				여-남								0	
				여-여								0	
6	화=청	화=청	+	남-남	2	2						4	54(37%)
				남-여	10	13	4	3		1	1	32	
				여-남	6	3	1		1			10	
				여-여	2	2	1	3				8	
7	화=청	화=청	-	남-남								0	6(4%)
				남-여		5						5	
				여-남		1						1	
				여-여								0	
8	화>청	화<청	+	남-남								0	3(2%)
				남-여								0	
				여-남	1						1	2	
				여-여	1							1	
9	화>청	화=청	-	남-남								0	3(2%)
				남-여								0	
				여-남								0	
				여-여	1	2						3	
10	화>청	화>청	+	남-남		1		2				3	53(37%)
				남-여	7	4	2	1	1		1	16	
				여-남	8			3	2	2	2	17	
				여-여	8	6	2			1		17	
주제별 합계				수량	52	46	14	15	7	6	5	145	145
				백분율	36%	32%	10%	10%	5%	4%	3%	100%	

No	사회적 변인			성별	주제							합계	
	나이	지위	친분		능력	외모	소유물	대상자체	행동	인격	성격	성별합계	변인별합계
1	화<청	화<청	+	남-남	2							2	14 (12%)
				남-여	1	2						3	
				여-남	1							1	
				여-여	3	1	1		1	1	1	8	
2	화<청	화<청	-	남-남								0	1 (1%)
				남-여								0	
				여-남								0	
				여-여	1							1	
3	화<청	화=청	+	남-남								0	4 (3%)
				남-여								0	
				여-남	4							4	
				여-여								0	
4	화<청	화=청	-	남-남	1							1	1 (1%)
				남-여								0	
				여-남								0	
				여-여								0	
5	화=청	화<청	+	남-남								0	8 (7%)
				남-여	1	3			1	2	1	8	
				여-남								0	
				여-여								0	
6	화=청	화<청	-	남-남								0	1 (1%)
				남-여								0	
				여-남		1						1	
				여-여								0	
7	화=청	화=청	+	남-남	3	1			1	1		6	49 (41%)
				남-여	6	6				2	1	15	
				여-남	12	3	1		2		4	22	
				여-여	2	2					2	6	
8	화=청	화=청	-	남-남								0	3 (3%)
				남-여	2							2	
				여-남								0	
				여-여							1	1	

번호			+/-	성별								소계	합계(%)
9	화=청	화>청	+	남-남								0	11 (9%)
				남-여					1			1	
				여-남	5		1				4	10	
				여-여								0	
10	화>청	화>청	+	남-남								0	6 (5%)
				남-여	3	2				1		6	
				여-남								0	
				여-여								0	
11	화>청	화>청	-	남-남	2				1			3	4 (3%)
				남-여		1						1	
				여-남								0	
				여-여								0	
12	화>청	화>청	+	남-남	4				2			6	17 (14%)
				남-여	5		1	1	1			8	
				여-남	3							3	
				여-여								0	
13	화>청	화>청	-	남-남	1							1	1 (1%)
				남-여								0	
				여-남								0	
				여-여								0	
주제별 합계				수량	62	22	3	4	10	9	10	120	120
				백분율	52%	18%	3%	3%	8%	8%	8%	100%	

한·중 칭찬 화행 의미자질은 사회적 변인에 따른 발화를 분석한 것이다. 분석결과 한·중 칭찬 화행이 각 언어의 사회적 변인에 영향을 매우 많이 받는 것으로 나타났다. 자세한 분석은 아래와 같다.

1) 사회적 변인 특징

한국의 경우 모두 8개 변인에서 칭찬 화행이 일어나지 않았는데 중국의 경우 5개 변인에서만 칭찬 화행이 일어나지 않았다. 이는 중국의 경우 한국어의 경우보다 칭찬 화행이 다양한 사회적 변인 사이에서 일어난다는 것을 나타내준다. 한국 자료 분석의 결과 '나이(화자<청자), 지위(화자=청자), 친밀도(-)'의 경우와 '나이(화자=청자), 지위(화자<청자), 친밀도(-)'의 경우, '나이(화자=청자), 지위(화자>청자), 친밀도(+)'의 경우는 칭찬이 나타나지 않았다.

　한국의 칭찬 화행이 일어날 수 있는 사회적 변인관계는 중국보다 적다. 따라서 중국인 한국어 학습자들의 다양한 변인들 사이에서 칭찬 화행을 수행에 대한 이해가 필요하며 한국사회에서의 칭찬 화행 수행이 자연스럽게 일어날 수 있는 일반적인 사회모습에 대한 교육도 함께 이루어져야 한다.

2) 성별 특징

　사회적 변인 가운데 가장 활발한 칭찬 화행 수행을 보인 것은 연령과 지위가 비슷하고 친분이 있는 상태에 있는 사회적 관계였는데 그중에서도 한국은 여성이 남성을 칭찬하는 예는 남성이 여성을 칭찬하는 예의 절반 수준에 머문 반면 중국은 이 두 변인에서 칭찬화행이 고르게 발생했다. 이는 한국과 중국의 성별차이에서 나타나는 사회 성향을 발견할 수 있는 좋은 예라고 볼 수 있다.

　동성간 칭찬에서 한국은 남성들보다 여성간 칭찬이 활발하게 일어났으며 중국은 큰 차이가 없었다. 그러나 비율 면으로 볼 때 중국 여성간 칭찬은 한국 여성간 칭찬보다 그 빈도가 낮다는 것을 알 수 있다.

한)	남→여 65개 (44%)	여→여 37개 (25.5%)	
	남→남 11개 (7%)	여→남 33개 (22.8%)	
중)	남→여 44개 (36.7%)	여→여 16개 (13.3%)	
	남→남 19개 (15.8%)	여→남 40개 (33.3%)	

3) 칭찬 주제 특징

한중 드라마 자료의 의미자질을 분석한 결과 한국 칭찬어 주제와 중국 칭찬어 주제가 차이가 많이 나는 것으로 나타났다.

<표 14> 드라마 분석을 통한 한·중 칭찬 주제 대조

한국 칭찬어 주제	비율	중국 칭찬어 주제	비율
능력	52(36%)	능력	62(52%)
외모	46(32%)	외모	22(18%)
소유물	14(10%)	행동	10(8%)
대상자체	13(9%)	성격	10(8%)
행동	10(7%)	인격	9(8%)
인격	6(4%)	대상자체	4(3%)
성격	4(3%)	소유물	3(3%)
합계	145(100%)	합계	120(100%)

위의 표 14에서도 나타났듯이 한중 양국 모두 능력을 가장 중요한 칭찬 주제로 활용했음을 알 수 있다. 외모를 주제로 한 칭찬은 한국 칭찬어에서 더 자주 발견된다. 이는 한국사회가 외모를 중시하는 모습을 단적으로 보여주는 예라고 할 수 있다. 그러나 외모를 칭찬하는 이유가 단지 외모를 최고의 가치로 여겨서가 아니라 사회 구성원간의 관계를 중시하는 한국인의 특성상 상대의 작은 변화에도 관심을 보임으로써 좋은 관계를 유지하고 싶은 친교적 의도라고 해석할 수도 있다. 김형민(2003:271)의 연구에서도 한국인들이 외모와 소유에 대해 즐겨 칭찬을 하는 이유는 외모와 소유를 의도적인 노력의 결과물로 여겨서가 아니라 새로운 얘깃거리로 말을 붙이고 싶은 매력을 느끼기 때문인 것으로 보고 있다.[101]

중국 칭찬어 주제는 능력이 타 주제에 비해 크게 두드러진 모습을 보인다. 이는 외형적인 부분보다 상대의 능력을 발견하고 인정할 때 청자가 더 기뻐하기 때문일 것이다. 이는 중국 사회가 능력을 중시한다는 의미도 될 것이다. 물론 이 능력에는 음식에 대한 칭찬이 일부를 차지한다. 선행연구의 결과를 보면 袁磊(2002:41)는 설문조사를 통해 능력과 성적이 칭찬의 주된 주제(65%)이며 그 다음이 외모로 17%를 차지한다고 하였다.[102] 石寧(1997:87)은 중국인들이 상대의 지혜와 재능, 천부적인 것에 대해 칭찬하는 것은 상대의 재능과 실력을 높임과 동시에 자신의 재능과 실력이 그러한 수준에 이르지 못함을 겸손히 표현하려는 목적을 나타낸다고 하였다.

칭찬의 주제는 시대적인 가치관이 변화함에 따라 달라질 수 있다. 또 경우에 따라서는 그 사회가 추구하는 가치관으로 인하여 억지로 강요되는 사회 덕목도 있을 수 있다. 옛날 여성이나 남성에게 사회가 바라던 덕목을 칭송의 주제로 삼았던 것처럼 현대에도 사회 구성원들에게 사회가 추구하는 가치관이 칭송의 덕목이 되어 칭찬 주제로 사용될 수 있다.

그러나 이번 조사에서는 그러한 현상을 분석할 결과가 많이 나타나지 않았다. 이는 칭찬발화자의 연령과 많이 관계가 있다. 칭찬 주제의 시대성이나 역사성에 대한 연구를 진행하기에는 이번 분석 자료의 드라마 주인공이나 설문대상이 범위가 넓지 않았기 때문이다.

중국 칭찬어로 수집된 자료에서 시대성이 나타난 부분은 "你真是个称职的太太。(당신은 정말 아내답습니다.)", "你一个单身男人怎么

---

101) 김형민(2003:271)의 연구에서는 설문조사의 결과 실력과 외모에 대한 주제가 월등히 높게 나타났다. 이러한 결과에 대해 저자는 한국에서 외모와 소유와 같은 외적인 가치가 아닌 능력이나 실력, 성격과 같은 내적 가치나 덕목으로 어떤 일을 성취하거나 해낸 사람을 칭찬하는 것이 관습이라고 하였다.

102) 袁磊, 「中被恭维语的对比研究」, 『山东师大外国语学院学报』 第3期, 2002, p.41.

懂那么多煮饭的事情啊?(당신은 독신이면서 어떻게 그렇게 부엌일을 잘 아십니까?)"등이 있다. 중국사회에도 부인에 대한 요구는 가정살림을 잘하는 현명한 아내에 대한 이미지를 가지고 있다는 것을 나타낸다. 남성의 경우 현대 중국에서 남성도 음식을 만드는 일이 부끄러운 일이 아니라는 사회적 통념이 있지만 이 칭찬의 경우 남성임에도 불구하고 부엌일에 익숙한 것을 칭찬의 주제로 삼은 것을 보면 중국사회에도 아직 살림에 대해서는 남성보다는 여성이 훨씬 익숙할 것이라는 관념을 가지고 있음을 보여준다.

한국 칭찬어에 "넌 어디서나 예쁨 받을 거야."라는 말은 상대의 좋은 점을 인정하고 그것으로 다른 사람들에게 사랑을 받을 수 있을 것이라는 칭찬이다. 그런데 이러한 표현은 대부분 여성에게 하지 남성에게 하지는 않는다. 또 분석자료 가운데 "반이 잘려도 에스라인이 살았어요.", "에이 (살) 빼지 마세요, 지금이 딱 좋아요."라는 말도 발견할 수 있었는데 이런 표현은 이미 보편적 미의 기준이 되었다고 여겨지는 현대적 외모에 대한 갈망과 바람이 담겨있다고 볼 수 있다. 특히 에스라인은 현대 여성들에게 특히 관심 있는 어휘로 칭찬 화행에서 긍정적인 의미로 사용될 수 있다. 비슷한 예로 불과 몇 십 년 전만해도 "부자집 맏며느리 같다"는 말은 후덕한 여성이라는 칭찬표현으로 받아들여졌으나 근래 이런 말을 잘 들을 수 없다. 물론 며느리에 대한 사회적 인식 때문이기도 하지만 외모에 대한 가치관이 변했기 때문이기도 하다. 중국에서도 상황은 비슷하다. 중국어에 "发福"라는 말이 있다. 오래지 않은 이전 중국에서 "发福"는 칭찬의 의미로 사용되었으나 현대 중국 사회에서 이 말을 칭찬으로 받아들이는 사람은 드물다. 때문에 문화를 담보한 칭찬화행이 명시적으로 이루어져야 할 것이다.

제8장

결 론

지금까지 한국어 칭찬 화행 연구는 칭찬 화행에서 주제별, 성별에 따른 칭찬발화의 양상을 양적인 통계를 통해 표면적인 제시를 하는 데 머물렀다. 칭찬의 유형과 사회적 변인에 따른 구체적인 분석과 표현문형에 대한 연구도 아직까지 이루어지지 않고 있었다. 무엇보다 한국어 교육에서 학습자의 변인을 고려한 연구가 부족했던 것이 사실이다. 본 연구는 한국과 중국의 칭찬 화행을 대조 연구하면서 한·중 양국의 칭찬 화행 양상의 공통점과 차이점을 분석하고 그 원인을 조금이라도 설명할 수 있다면 한국어 교육에서 좀 더 효과적인 학습을 이룰 수 있지 않을까하는 소박한 생각으로 시작하게 되었다.

　특별히 칭찬은 학습자에게 격려가 되고 힘이 되는 화행이지만 문화 간 의사소통 상황에서 상대의 칭찬을 알아듣거나 상대의 좋은 점을 칭찬할 수 있는 능력은 단순히 모국어의 언어문화적인 상식만 가지고는 성공적으로 수행될 수 없는 부분이다. 칭찬 화행을 이해하지 못하여 상대의 호의를 무시하거나 혹은 상대의 호의적인 발화를 오해할 수 있기 때문이다. 또한 문화간 의사소통에서 행간에 숨겨진 문화적 함의를 읽어낸다는 것은 고도의 언어능력과 문화적 공력을 요구하게 된다.(박애양2016:123) 따라서 화행 초기 학습시기부터 명시적 교육이 필요하다 하겠다.

이에 본고는 한·중 칭찬 화행에서 자주 사용되는 표현문형들을 추출하고 사회변인에 따라 의미자질을 분석한 뒤 분석 결과를 학습자에게 제공하여 적절하고 바른 칭찬 화행을 수행할 수 있도록 돕는데 그 목적을 두고 대조분석 하였다. 본 연구의 주요 분석내용을 정리하면 다음과 같다.

첫째, 칭찬어 유형을 크게 순수칭찬과 목적칭찬으로 나누고 발화표현에 따라 직접칭찬과 간접칭찬을 다시 구분하였다. 본 연구는 직접칭찬만을 분석의 대상으로 삼았기 때문에 분석자료 칭찬어가 가지는 의미에 따라 '진술하기, 질문하기, 추측하기, 판단하기, 확신하기, 회상하기, 생략하기, 감탄하기, 비유하기, 느낌말하기, 발견하기, 비교하기, 생각말하기, 의견말하기, 희망말하기, 이유대기, 인정하기등 몇 개의 세부항목으로 나누었다.

둘째, 칭찬어 문장 구조에서 다음과 같은 분석결과를 볼 수 있었다.

한국과 중국은 같은 동양권에서 비슷한 정신적 사상체계를 가지고 있다. 그러나 언어 유형적 차이로 한국어와 중국어의 발화 순서가 다르며, 문장 구조의 배열이 다르다. 그런데 한국과 중국 모두 칭찬어로 긍정적인 형용사를 사용하고 있다는 점과, 주요 칭찬어의 문장은 주로 (주어)부사어+형용사서술어가 사용된다는 공통점이 있다. 칭찬 화행에서 주로 사용하는 어휘와 관습적인 상용문형이 있다는것도 비슷한 점으로 분석되었다.

주어의 사용에서 한국어의 경우 주어가 생략되거나 3인칭 주어 문장이 많은 데 비해 중국어는 2인칭 주어가 먼저 오는 경우가 많다는 점이 분명한 차이로 나타났다.

셋째, 칭찬어 술어의 사용에서는 한·중 칭찬어의 공통적인 부분이 많이 나타났다.

한국과 중국 대부분 긍정적인 의미의 형용사를 사용하고 있었고, 한국어의 경우 형용사와 쌍을 이루면서 비슷한 의미로 사용할 수 있는 (잘)+동사(V)의 형태가 주로 사용된다. 중국어의 경우도 대부분 긍정적인 형용사를 중심으로 주로 사용하고 있었고, 주로 부사 '真', '很', '挺' 등과 결합으로 형용사구 형태로 칭찬의 의미를 강조한다. 동사의 경우는 칭찬어에 쓰일 경우 '真+是', '很+有'의 형태로 쓰이거나 동사 뒤에 정도보어를 이끌고 'V+得+정도보어'의 형식으로 사용한다. 일부 명사도 칭찬어 술어로 사용되었는데 한국어의 경우는 주로 '부사어+N(이)야'의 형식으로, 중국어의 경우는 '부사어(挺)+N+的'의 형식으로 쓰였다. 특별히 어휘 사용에서 한국과 중국 칭찬어 모두 어휘적 제약이 존재하며 칭찬에 사용하는 어휘는 긍정적인 의미를 담고 있어야 한다는 것이다.

넷째, 표현문형 추출에서 한국 칭찬어에서 주로 사용하고 있는 종결형 표현문형 70개를 찾아 정리하였고, 중국 칭찬어에서 고정적인 틀을 가지고 사용하는 표현문형 50개를 찾았다.

다섯째, 사회적인 변인에 따라 한·중 칭찬어의 의미자질을 분석한 결과 중국어가 보다 개방적인 것으로 나타났는데 중국인들은 나이와 지위, 성별에 따른 칭찬상황에서 한국보다는 제약을 덜 받는 것으로 나타났다.

칭찬 화행이 가장 활발하게 일어난 사회적 변인은 역시 화·청자의 나이와 지위가 비슷할 경우였고 그중에서 성별관계는 한국의 경우 남성이 여성을 칭찬하는 경우가 많이 나타났고 중국의 경우는 여성이 남성을 칭찬하는 경우가 많이 나타났다. 이는 한국과 중국의 사회적 성향도 함께 살펴볼 수 있는 좋은 예가 된다.

한국어는 나이와 지위에 따라 서법이 달라지지만 중국어는 칭찬 어의 형태나 문장구조가 달라지지 않는다. 다만 한 예문에서 먼저 상대의 양해를 구하고 칭찬 화행을 수행했다.

여섯째, 칭찬 주제의 선택에서 한국어의 경우는 칭찬의 주제로 능력과 외모를 주로 사용하고 있었고 중국어의 경우 칭찬의 주제로 능력을 주로 사용한 것으로 나타났다.

8.1 연구사적 의의

본 연구는 한·중 칭찬 화행에서 자주 사용되는 표현문형들을 추출하고 사회변인에 따라 의미자질을 분석한 뒤 분석 결과를 학습자에게 제공하여 적절하고 바른 칭찬 화행을 수행할 수 있도록 돕는데 그 목적을 두었다. 아울러 그 사용면에 있어 고려되어야 할 여러 가지 문화적인 요소들을 상황과 함께 제시하여 한·중 문화 간 의사소통에서 성공적인 칭찬 화행이 수행될 수 있도록 돕고자 하였다. 본 연구의 연구 의의를 간략하게 정리하면 다음과 같다.

첫째, 한·중 칭찬화행 표현문형을 추출하였다. 지금까지 칭찬 화행은 한국어 교육현장에서 명시적으로 따로 실시되지 않고 있다. 이는 칭찬이 화·청자의 변인에 따라 매우 다양하게 발화될 수 있기 때문이다. 또 칭찬 화행에서 주로 사용하는 문형이나, 어휘연구, 변인별 연구 등에 대한 연구가 많지 않았다. 본 연구는 기존 칭찬 화행 연구에서 다루지 않았던 칭찬 화행 표현문형을 정리하고 각 분석 자료의 대화지문에서 사용된 표현문형의 사용빈도를 계산하여 칭찬 화행에서 자주 쓰이는 대표적인 칭찬 표현문형들을 추출하였다. 사용빈도에 따른 칭찬 화행 표현문형의 제시는 한국어 교수 현장에서 보다 풍부한 화행학습의 기회를 부여할 수 있게 하며 학습자들에게 칭찬발화의 다양성을 인식하는 동시에 표현상의 규칙성을 알게 하는 효과를 줄 수 있을 것이다.

둘째, 한·중 칭찬 화행의 문장 구조를 대조하였다. 지금까지 한·중 칭찬어 문장 구조를 파악하고 대조한 연구는 거의 없었다. 이 분석을 통해 한국어와 중국어의 근본적인 구조의 차이를 파악하고 그럼에도 비슷한 구조로 사용되는 칭찬 화행에 대한 분석을 진행했다는 점이 의미가 있다고 본다. 이 분석을 통해 한국어의 어휘와 어미의 상관관계를 조금이나마 제시하려고 하였고 중국어의 경우 어미의 활용은 없지만 칭찬 화행에서 사용되는 문장의 구조를 분석하면서 칭찬에 주로 사용되는 문장 구조를 파악하고 한국어의 경우와 비교하였다. 이를 통해 학습자가 중국어의 칭찬표현 문장 구조와 한국어 칭찬표현 문장 구조를 구별하는 큰 그림을 그릴 수 있을 것으로 본다. 이는 학습자들의 심리적 부담을 덜어주고 학습에 효과를 높이는 데 긍정적인 작용을 할 것이다.

셋째, 본 연구는 학습자의 모국어 언어문화를 고려했다는 점을 의의로 들 수 있다. 한국어의 칭찬 화행에 대한 단순한 제시가 아닌 상황과 상대에 따라 칭찬을 선별해야 한다는 것을 제시했으며 이에 대한 차이를 언급함으로 학습자의 이해를 도왔다.

마지막으로 본 연구의 결과는 실용성이 크다. 한·중 칭찬 화행에서 주로 쓰이는 표현문형은 교재 개발 자료에 사용이 가능하며 사회적 변인에 따른 의미자질 분석 결과는 칭찬 화행의 화용능력을 기르는 데 사용될 수 있다. 한국어의 칭찬상황에서는 청자에 따른 칭찬 화행의 선택적 사용이 요구되고 있다. 따라서 의미자질 분석표를 이용하여 나이와 지위, 친밀도에 따른 성별칭찬과 칭찬 주제에 대한 항목별 교수·학습이 가능할 수 있을 것이다. 본 연구는 한·중 대조로 진행되었기 때문에 연구결과를 한국어 교육뿐만 아니라 중국어 교육에서도 활용할 수 있을 것으로 기대한다.

8.2 제언

이상 본 연구는 한·중 칭찬어 대조에서 비슷한 점과 차이점을 살펴보았다. 이러한 결과를 한국어 교수·학습에 적용하기를 바라는 마음으로 아래 네 가지 제언을 하고자 한다.

첫째, 한·중 칭찬어는 문장 구조가 다르다.

한국어는 주어를 생략하지만 중국어의 경우 你 / 你的을 사용하기 때문에 직접 번역하여 사용할 경우 심각한 화용적 오류를 범할 수 있다. 따라서 이에 대한 교수·학습이 우선되어야 할 것이다. 이는 목표어에 대한 언어유형적 지식과 함께 학습자 모국어에 대한 이해도 함께 요구되므로 교수·학습에서 함께 대조해서 제시하는 것이 좋을 것으로 본다.

둘째, 사회적 변인에 따라 칭찬 화행을 교수·학습한다.

한·중 칭찬 화행에서 칭찬 발화는 사회적 변인에 따라 조금씩 다르게 나타나는 것을 확인할 수 있었다. 특별히 한·중 칭찬 화행에서 사회적 변인이 각각 다르게 작용을 하였고 칭찬대상의 나이와 지위, 칭찬 주제와 성별 등 여러 변인에서 차이를 나타내고 있었다. 이러한 차이를 학습자들에게 제시하고 사회적 변인에 따른 칭찬 화행을 학습할 수 있도록 이끌어야 한다.

셋째, 학습자 수준을 고려한 칭찬어 학습목표를 설정한다.

언어학습에는 학습자의 수준을 고려한 학습목표가 설정되어야 하는데 한국어 칭찬 화행 교수·학습에서 학습자들에게 제시되어야 하는 칭찬어의 순서도 학습의 난이도에 따라 제시, 교수·학습되어야 할 것이다. 칭찬 화행은 한국과 중국 어떤 언어에서도 나타나는 언어 보편적인 현상이므로 칭찬 화행 자체에 대한 어려움은 없을 것이다. 다만 분석결과에 나타난 빈도를 고려하여 고빈도 표현에 대한 교수·학습을 고려하여 제시한다면 학습자의 학습효과를 높일 수 있을 것으로 기대한다.

넷째, 칭찬의 목적에 따른 칭찬 표현문형 구축이 요구된다.

의사소통에서 전략적인 목적을 달성하기 위해 칭찬과 함께 다른 의사소통기능을 사용할 수 있다. 이때 목적칭찬에 대한 교수·학습이 이루어진다면 학습자들의 의사소통 활용 능력이 보다 다양하게 발달할 수 있을 것으로 본다. 따라서 우선 칭찬의 목적에 따라서, 표현방법에 따라서 순수칭찬과 목적칭찬, 직접칭찬과 간접칭찬 등을 구분해서 표현문형을 구축해 놓는 것이 선제작업으로 요구된다. 이를 위해서는 보다 방대한 분석 자료를 우선적으로 확보해야하고 상황별 사례들을 정리해야하는 큰 작업이 뒤따라야 할 것이다.

현재 의사소통기능 향상을 위한 기본 자료 구축 작업이 여러 학자들의 다양한 연구를 통해 진행되고 있다. 앞으로는 구축된 자료의 공유와 활용이 쉬워지고 편리해질 수 있도록 친연구자적인, 친사용자적인 학술생태계 조성에 노력해야 할 것이다.

8.3 향후 연구과제

본 연구는 한·중 칭찬 화행에서 칭찬어 문장 구조와 표현문형을 추출하여 한국어 칭찬 화행을 기준으로 중국어 칭찬 화행을 대조하고자 하였다. 그러나 대응쌍인 응답어에 대한 연구를 함께 하지 못한 것이 아쉬운 점으로 남는다. 의사소통에서 칭찬어와 응답어는 함께 연구되어야 하기 때문이다. 또 칭찬 주제의 시대적 변화에 대한 연구도 필요한 과제라 생각한다. 이에 대한 연구는 앞으로의 과제로 남기며 미흡한 부분에 대해서는 계속 수정 보완할 계획임을 밝힌다.

참고문헌

<단행본>

구자은(2005). 『화용론과 담화』, 울산: 울산대학교 출판사.

권순희(2005). 『청자 지향적 관점의 표현 교육』, 서울: 역락.

김미령(2006). 『의사소통 속의 대응 발화』, 서울: 세종출판사.

노대규(1996). 『한국어의 입말과 글말』, 서울: 국학자료원

뤼수샹 저 박종환·이창호 공역(2004). 『중국어 문법 분석록』, 서울: 학고방.

문영인 외(1999). 『영어과 교육론』, 서울: 한국문화사.

박경자 외(2001). 『응용언어학사전』 서울: 경진문화사.

박영순(2007). 『한국어 화용론』 서울: 박이정.

박종환(2001). 『중국어 번역 테크닉』, 서울:시사중국어문학원.

이범열(2012). 『현대중국어의 담화화용론』, 서울: 한국문화사

이익섭(2007). 『한국어 문법』, 서울: 서울대학교출판부.

송경숙(2005). 『담화화용론』, 서울: 한국문화사.

한국사회언어학회 역음(2004), 『문화와 의사소통의 사회언어학』, 서울: 한국
　　　문화사.

Brown, H.D.(1980). Principles of Language Learning and Teaching.
　　　Prntice-Hall,Inc. [이흥수 박매란 박주경 이병민 이소영 최연희 공역:
　　　『외국어 학습·교수의 원리』제4판, 서울, 피어슨에듀케이션. 2005]

Yule, George.(1996). *Pragmatics*. Oxford ;New York : Oxford University
　　　Press. [서재석 박현주 정대성 역: 『화용론』, 서울: 박이정. 2001]

Jacob L. Mey.(1993). Pragmatics: An Introduction Oxford: Blackwell. [이성
　　　범 옮김: 『화용론 개관』, 서울: 한신문화사. 2007]

Austin, John L.(1962). *How to Do Things with Words*. Harvard University
　　　Press. Cambridge Massachusetts. [김영진 옮김: 『말과 행위』, 서울:
　　　서광사. 1992]

Levinson, Stephen C. (1983). 『PRAGMATICS』, Cambridge;. New York:
　　　Cambridge University Press. [이익환 권경원 공역: 『화용론』: 서울:
　　　한신문화사. 1996]

石綿敏雄·高田誠 오미영 역(2007). 『대조언어학』, 서울: 제이앤씨.

Brown, P., & Levinson, S.(1987). Politeness: Some universals in language usage. Cambridge: Cambridge University Press.

Nunan, D.(1999). Second Language Teaching and Learning. Boston: Heinle and Heinle Publishers. [임병빈, 한혜령, 송혜성, 김지선 역: 『제2언어 교수 학습』, 서울: 한국문화사. 2003]

Hans Heinrich Stern(1984), Fundamental Concepts of Language Teaching, Oxford: Oxford University Press.

Goffman, Erving.(1967). Interaction ritual: Essays on face-to-face behavior. New York: Doubleday Author.

Seale, J, R.(1969). Speech acts: An essay in the philosophy of language. Cambridge: Cambridge University Press.

塞尔(Searle, J, R.)著 张绍杰 导读(2001). 『Expression and Meaning:Studies in the Theory of Speech Acts 表述和意义:言语行为研究』, 北京: 外语教学与研究出版社.

何自然(1987), 『语用学概论』, 湖南, 湖南教育出版社.

贾玉新(2003), 『跨文化交际学』, 上海, 上海教育出版社.

<참고논문>

구현정(2001), 「대화와 원리를 통한 말하기 교육」, 『외국어로서의 한국어 교육 (구 말)』, pp.303~330.

강소영(2004), 「중국어의 화행별 공손 표현 연구」, 이화여자대학교 석사학위 논문.

강현화(2007a), 「한국어 표현능력 향상을 위한 담화 기능별 문형표현 단위에 대한 연구: '거절표현을 중심으로'」, 『응용언어학』 제23-1호, 응용언어학회, pp.17~36.

강현화(2007), 「한국어 표현문형 담화기능과의 상관성 분석 연구-지시적 화행을 중심으로」, 이중언어학 제 34호. 이중언어학회, pp.2-26.

김경석(1993), 「한국어와 영어에서의 칭찬에 대한 응답의 비교분석」, 『영어교육46호』, pp.255-290.

김덕영(2006), 「한국인 EFL 학습자들과 미국인들의 칭찬 및 응답 화행에 대한 연구」, 『영어영문학 연구』, 제48권 4호, 한국중앙영어영문학회, pp.41~53.

김명지(2005), 「칭찬 및 칭찬 응답에 관한 한·일 대조 고찰」 한국 외국어대학교 대학원.

김정아(2007), 「칭찬 응답 화행을 통한 한국어 교육 연구」 한국 외국어대학교 대학원 석사학위논문.

김형민(2003), 「한국 대학생의 칭찬 화행 수행 및 응대 상황에 대한 연구」, 『한국어 의미학』, 한국어 의미학회 12, pp.255~290.

박경옥(2006), 「담화분석을 통한 칭찬 화행 연구-한국어 회화교재와 TV드라마 대본을 중심으로」, 한양대학교 교육대학원 석사학위논문.

박설미(2004), 「의사소통 능력 향상을 위한 인사말 활용 연구-중국어(1)을 중심으로」, 이화여자대학교 석사학위논문.

박애양(2008a), 「중국어 칭찬화행 연구 고찰」, 『중국학연구』, 중국학연구회, 43집, pp.93~115.

박애양(2008b), 「한・중 칭찬화행 대조분석-의례성 칭찬을 중심으로」, 『중국학연구』, 중국학연구회, 45집, pp.67~90.

박애양(2009), 「한·중 칭찬화행 대조 연구 - 칭찬어를 중심으로」, 경희대학교 일반대학원 석사학위논문.

박정화(2007), 「중학교 3학년 영어 교과서 대화문 분석을 통한 의사소통 기능 개선 연구」, 한국교원대학교 대학원 석사학위논문.

백경숙(1998), 「영어와 한국어에서의 칭찬에 대한 응답전략 고찰」, 『사회언어학』, 제6권 2호, pp.229~264.

엄기찬(1994), 「영어 원어민과 한국인의 화행의 비교 분석 연구 : 칭찬 응답과 사과 표현을 중심으로」 한국교원대학교 석사학위논문.

송영미(2003), 「한국어와 일본어의 칭찬 화행 연구」, 이화여자대학교 교육대학원 석사학위논문.

이민선(2004), 「기능에 기반을 둔 문법 항목 교유 방안 연구 -초급 단계의 종결표현을 중심으로」, 『외국어로서의 한국어교육』(구 말), pp.147-180.

이원표(1996), 「한국 대학생의 칭찬 화행에 나타난 공손법 분석」, 『외국어로서의 한국어교육』(구 말), pp.107-144.

이재돈(2004), 「화행에 투영된 중국인의 가치관」, 『중국어문학지』, pp.641-663.

이하나(2006), 「영어권 한국어 고급학습자의 칭찬응답 화행연구」 이화여자대학교 교육대학원 석사 학위논문.

전지원(2005), 「한국어 교육을 위한 칭찬 화행 연구 -칭찬반응을 중심으로」 연세대학교 교육대학원 석사학위논문.

정다운(2002), 「한국어와 중국어의 화행대조 분석-칭찬과 그 반응을 중심으로」 고대 석사학위논문.

한상헌(1995), 「고등학교 프랑스어 교수/학습을 위한 언화행위(의사소통기능) 목록 작성에 관한 연구(1)」, 『불어불문학연구』31권 2호, 한국불어불문학회, pp.931~981.

Chen, R.(1993). Responding to compliments: A contrastive study of politeness strategies between American English and Chinese speakers. *Journal of Pragmatics, 20*(1). 49-75.

Chomsky, N.(1965). Aspects of the theory of syntax. Cambridge, MA: MIT Press.

Canale, M. and M. Swain.(1980). The Theoretical Base of Communicative Approaches to Second Language Teaching and Testing. *Applied Linguistics* 1-47.

Canale, M.(1983). From communicative competence to communicative language pedagogy. In J. C. Richards & R. W. Schmidt (Eds.), Language and communication (pp. 2 - 27). London: Longman.

Canale, M.(1983b). On some dimensions of language proficiency[A].Rowley Mass:Newbury House:333-342.

Goffman, E.(1967). Interaction Ritual: Essays on face to fade behavior[M]. New York: Garden City.

Grice Utterer's(1968). Meaning, Sentence-Meaning, and Word-Meaning. *Foundations of Language,* (4).

Hymes, D.(1966b). Two types of linguistic relativity. In Bright, W. Sociolinguistics. The Hague; Mouton. pp.114-167.

Hymes, D. H.(1972). On communicative competence. In J. B. Pride and J. Holmes(eds.), *Sociolinguistics.* Harmondsworth, England: Penguin Books.

Hymes, D. (1986). Models of the interaction of language and social life. In J. J. Gumperz & D. Hymes (Eds.), Directions in sociolinguistics (pp. 35-71). Oxford: Basil Blackwell.

Holmes, J. & Brown, D.(1987). Teachers and students learning about compliments. *TESOL Quarterly*, 21, 523-546.

Holmes, J.(1988a). Compliments and compliment responses in New Zealand English, *Anthropological Linguistics.* 28. 485-507.

Holmes, J.(1988b). Paying compliments: A sex-preferential positive politeness strategy. *Journal of Pragmatics. 12*, 445-465.

Manes, J. & Wolfson, N.(1981). The compliment formula, In F. Coulmas (Ed.), *Conversational Routine: Explorations in Standardized*

Communication Situations and Prepatterned Speech. 115-132. The Hague, the Netherlands: Mouton Publishers.

Olshtain, E., & Cohen, A.(1991). Teaching speech act behavior! to nonnative speakers. In Celce-Murcia, M.(eds.) Teaching English as a second or foreign language (pp.154-165). Second edition. Bostion, Massachusetts: Heinle and Heinle Publishers.

Thomas. J.(1983). Cross-cultural Pragmatic Failure. *Applied Linguistics,* Oxford Vol. *4,* 91-112.

Turner, Ken.(1996). The principal principles of pragmatic inference: politeness, *Language Teaching,* 1996, 29 (1) :1-13

Ye Lei(1995). Complimenting in Mandarin Chinese, *Pragmatics of Chinese as Native and Target Laguage,* 207-302. University of Hawaii at Manoa

高志怀・李娟(2004).「称赞语的语用研究」,『河北师范大学学报』,第1期, pp.109-112.

權力宏(2004).「汉语中男女在称赞语和称赞语回应使用上的差异分析」,『现代外语』,第27卷 第1期, pp.62-69.

郭爱先(1996).「美国英语称赞的话题与对象」,『镇江师专学报』,第3期, pp.56-58.

石 宁(1997).「英汉称赞语之比较」,『中国人民大学学报』,第4期, pp.86-91.

石秀珍(2004).「从恭维或赞美语论日常交际中中美文化的差异」,『安康师专学报』第16卷, pp.57-59.

孙咏海(2003).「跨文化交际视角:英汉语言行为中的称赞语与回应」,『新疆师范大学学报』,第24卷第4期, pp.98-101.

施家炜(2000).「汉英文化称赞语对比分析」,『汉语学习』,第5期, pp.41-48.

李悦娥・冯江鸿(2000).「析普通话话语中的赞扬及其应答」,『山西大学外语学院』,第9期, pp.28-32.

李洁平(1998).「跨文化交际中称赞语规约及问题」,『烟台师范学院学报』,第1期, pp.74-78.

楊劼・李芳(2001).「英汉称赞语及应答语之跨文化比较」,『广西右江民族师专学报』,第1期, pp.84-87.

王 琴(2007).「对称赞语的跨文化研究」,『外语教育』,第28卷第4期, pp.44-46.

王 陆(2001).「汉英称赞应对模式比较」,『天津外国语学院学报』, pp.109-110.

王集杰・徐正华(2005).「称赞语及其应答语的跨文化对比研究」,『天津大学学报』,天津: 第7卷 第3期, pp.221-225.

吴锋针(2007).「恭维语在实施过程中的文化差异」,『台州师专学报』,浙江: 第24

卷第1期, pp.39-42, 22.

袁 磊(2002). 「中被恭维语的对比研究」, 『山东师大外国语学院学报』, 第3期, pp.41-46.

張 静(2006). 「论赞扬语及应答」, 『湖北教育学院学报』, 第12期, pp.24-25, 58.

張亭亭(2007). 「汉语言语交际中称赞语的性别差别研究」, 北京: 北京语言大学 硕士论文, pp.1-43.

冯江鸿(2003). 「英汉赞扬及其应答的性别语用比较」, 『外语研究』, pp.18-24.

何自然(1996). 「什么是语际语用学」, 『国外语言学』, 第1期, pp.1-6.

何佩嫦(2002).「中英文称赞语对比研究」, 『广州大学学报』, 第1卷 第6期, pp.51-55.

小玉 安惠(1993), 「ほめ言葉にみる日米の社会文化的価値観 : 外見のトピック を中心に」, 言語文化と日本語教育.

坂本惠, 蒲谷宏, 川口 義一(1996), 「待遇表現」としての「不満表現」について, 国語学研究と資料, 20, 29-38.

<연구 보고서>

국립국어원(2003), 한국어 학습용 어휘 목록, 국립국어원.

한국 교육과정 평가원, 『제2외국어과 교육과정 개선방안 연구』, 한국교육과 정평가원연구자료, 2005. http://www.kice.re.kr/ 2008년 5월 13일 인 터넷 검색.

한국자료: 드라마 <슬픔이여 안녕>60분×16회분(960분)
　　　　　 드라마 <온에어>60분×16회분 (960분)
　　　　　 시트콤 <올드미스 다이어리>30×26회분(780분)
　　　　　 드라마 <반올림> 50×14회분(700분)　　　　　　　　전체: 3400분

중국자료: 드라마 <梦里花开>50×20회분(1000분)
　　　　　 드라마 <白领公寓>50×21회분(1050분)
　　　　　 드라마<18岁的天空>50×15회분(750분)
　　　　　 드라마 <換換愛>60×10회분(600분)　　　　　　　　전체: 3400분

부 록

별첨 1-설문지-한국어[103]

※ 한국어 칭찬화행의 상황과 표현 방법 등에 대한 설문조사입니다. 순수한 연구차원의 설문조사이니 자세히 읽고 대답해 주시기 바랍니다. 설문결과는 연구목적으로만 사용될 것입니다. 협조해 주셔서 감사합니다.

연령: 성별:

Ⅰ 일대일 칭찬의 경우를 중심으로 답변해 주시기 바랍니다.

1. 당신은 주로 언제 칭찬을 하십니까?
예) 누가 착한 일을 하는 것을 보았을 때.

답: _____

2. 당신은 주로 무엇에 대해 칭찬을 하십니까?
예) 상대방의 외모, 성격, 능력 등 본인의 경우를 기록하여 주시기
　　바랍니다.
　　이성 친구사이(남▶여):
　　　　　(여▶남)
　　　　　(동성 친구의 경우)
　　선배의 경우(남▶여):
　　　　　(여▶남):
　　　　　(동성 선배의 경우)

---

103) 설문지 작성 시 칭찬어와 응답어를 함께 연구하려했으나 분석과정에서 시간이 많이 걸려 응답어에 대한 결과를 미처 도출하지 못했다. 후속연구에서 응답어를 함께 분석해 내도록 하겠다.

후배의 경우(남▶여):

(여▶남)

(동성 후배의 경우)

어른의 경우(남▶여):

(여▶남):

2-1 당신이 듣고 싶은 칭찬은 무엇입니까?

이성 친구사이(남▶여):

(여▶남)

(동성 친구의 경우)

선배의 경우(남▶여):

(여▶남):

(동성 선배의 경우)

후배의 경우(남▶여):

(여▶남)

(동성 후배의 경우)

어른의 경우(남▶여):

(여▶남):

가족의 경우(관계를 적어주세요)

3. 당신은 상대방에게 2번 항목을 칭찬할 때 어떻게 칭찬을 하십니까? 자유롭게 기술해 주시기 바랍니다.

예) 너 중국어 정말 잘한다./ 이거 내꺼 보다 좋다. / 너 중국어 어떻게 공부했니?

이성 친구사이(남▶여):

(여▶남)

(동성 친구의 경우)

선배의 경우(남▶여):

(여▶남):

(동성 선배의 경우)

후배의 경우(남▶여):

(여▶남)

(동성 후배의 경우)

어른의 경우(남▶여):

(여▶남):

가족의 경우(관계를 정확히 적어주세요)

4. 당신의 칭찬에 상대방이 어떤 응답을 하기를 기대하십니까? 구체적으로 써주세요.

예) 수용: 감사합니다 등. 무응답: 미소, 무시 등. 부정: 아니에요. 뭘요 등.

답: _____

4-1 당신이 3항의 칭찬을 들었을 경우 어떻게 응답하십니까? 구체적으로 적어주세요.

이성 친구사이(남▶여):

(여▶남)

(동성 친구의 경우)

선배의 경우(남▶여):

(여▶남):

(동성 선배의 경우)

후배의 경우(남▶여):

(여▶남)

(동성 후배의 경우)

어른의 경우(남▶여):

(여▶남):

가족의 경우(관계를 적어주세요)

你好! 本次调查是为了研究韩汉称赞语研究而准备的。调查结果只用于研究目的，决不会使用其他用途。请按你个人的情况认真回答问题。谢谢合作。

性别: 　　　年龄:

※ 面对面称赞的情况下

1. 你主要称赞对方的什么?

　　① 对男同学:

　　② 对女同学:

　　③ 对师兄:

　　④ 对师姐:

　　⑤ 对师弟:

　　⑥ 对师妹:

　　⑦ 对长辈(包括学校老师)

　　　　　　男:

　　　　　　女:

　　⑧ 对父亲:

　　⑨ 对母亲:

　　⑩ 其他:

2. 你怎样称赞对方?(请具体说明称赞时使用的话语)

　　① 对男同学:

　　② 对女同学:

　　③ 对师兄:

　　④ 对师姐:

⑤ 对师弟:

⑥ 对师妹:

⑦ 对长辈(包括学校老师)

男:

女:

⑧ 对父亲:

⑨ 对母亲:

⑩ 其他:

3. 若是你自己听到第二项的称赞，你会怎样回答对方呢?

① 对男同学:

② 对女同学:

③ 对师兄:

④ 对师姐:

⑤ 对师弟:

⑥ 对师妹:

⑦ 对长辈(包括学校老师)

男:

女:

⑧ 对父亲:

⑨ 对母亲:

⑩ 其他:

4. 你平时想听到的称赞是什么?(说句心理话)

① 男同学对你:

② 女同学对你:

③ 师兄对你:

④ 师姐对你:

⑤ 师弟对你:

⑥ 师妹对你:

⑦ 长辈对你(包括学校老师)

　　　　　男:

　　　　　女:

　　⑧ 父亲对你:

　　⑨ 母亲对你:

　　⑩ 其他:

5. 你有没有正式学过韩国人怎样称赞对方?

6. 你有没有正式学过韩国人一般称赞对方什么?

                                                    -完-

(1) 드라마 예문

칭찬어 예문	문장 성분	표현문형
너만 한 아들 없어. 정훈이가 널 반만 닮아도 좋겠는데	관형어+주어+서술어 S+서술어	A-아/어/여(요) 아/어/여도 좋겠는데
직업도 좋고, 어머, 생긴 것도 잘생기셨네.	주어+서술어 독립어+주어+서술어	A-고 V-았/었/였네(요)
너 아니면 이 집은 안 된다니깨!	S+주어+부사어+서술어	안 V-ㄴ/는다니까
맨날 조깅한다더니 건강해 보인다.	부사어+서술어	A-아/어/여 보이다
신인작가가 썼다는데 잘 썼다고 생각했죠.	S+부사어+서술어	잘 V+았/었/였다고 생각하다
운치 있고 좋던데요?	S+서술어	A-던데(요)
열심히 일하는 모습 보니까 좋네.	관형어+서술어	A-네(요)
언제 봬도 건강하시고 젊어보이세요.	부사어+서술어	언제 봐도 A-아/어/여 보이다
어쩜 이렇게 아름다우시고, 말씀도 어쩜 그렇게 잘하세요?	부사어+서술어, 주어+부사어+서술어	어쩜 이렇게 A-고 어쩜 그렇게 V-세요?
넌 누굴 닮아 그렇게 성격이 좋냐?	주어+부사어+서술어(주+술)	그렇게 A-(으)냐?
은석이도 이뻤지만 체리도 이뻤어요.	S+주어+서술어	N도 A/V지만 N도A/V다
넌 진짜 좋은 점 한 가지 있다. 너만 보면 세상이 살만한 거 같애. 미워할래야 미워할 수가 없는 애야.	S+부사어+서술어 부사어+주어+서술어 부사어+관형어+서술어	진짜 A-다 V-(으)ㄹ만한 것 같다 (으)ㄹ려야 -(으)ㄹ 수가 없는 N(이)야
민주 너도 언제 봐도 기분 좋고	주어+부사어+서술어	언제 봐도 A-고
반이 짤려도 에스 라인이 살았어요.	S+주어+서술어	A/V-아/어/여도 V-았/었/였어(요)
니 실력, 니 열정 다 인정할게.	관형어+목적어+부사어+서술어	다 V-(으)ㄹ게(요)

---

104) 이어진 문장일 경우 앞 문장이 '주어+(목적어)+서술어'의 구조이면 [S]로 표시한다. 명사구나 명사절 등을 따로 표기하지 않고 주어, 술어, 부사어, 목적어 등으로 표기한다. 이중 주어문의 경우 현행 학교 문법의 분석을 따른다.

예쁜 이름이에요.	관형어+서술어	N이에요
이 향수……. 향기 좋은데요?	주어+서술어	A-(으)ㄴ데요
우리 아가씨도 이쁜 구석은 있다니까	주어+서술어(주+술)	A-다니까
여기 캐릭터들 너무 이뻐요.	관형어+주어+부사어+서술어	너무 A-아/어/여(요)
우리 형은 안 시시해.	주어+부사어+서술어	안 A-아/어/여(요)
이번 곡 좋드라.	관형어+주어+서술어	A-더라
우리 정우 색싯감은 횡재하는 거야.	관형어+주어+서술어	V-는 거야
지영 씨 먹는 모습이 보기 좋아서	관형어+주어+서술어	V기 A-아/어/여서
착한 우리 정우	관형어+N	A-(으)ㄴN
와, 진짜 근사하다.	독립어+부사어+서술어	진짜 A-다
와~ 작가가 이렇게 이뻐도 되나?	독립어+주어+부사어+서술어	이렇게 A-아/어/여도 되나?
야, 보기 좋다. 너희들 만할 때가 진짜 이쁜 거야.	독립어+주어+서술어 관형어+주어+부사어+서술어	V-기 좋다 A-(으)ㄴ거야
앗! 귀여워, 귀여워	독립어+서술어+서술어	A-아/어/여(요)
야, 우리 형은 진짜 전천후야.	독립어+주어+부사어+서술어	진짜 N(이)야
아, 오승아가 진짜 대단하긴 하구나.	독립어+주어+부사어+서술어	진짜 A+긴 하구나
야 장아영! 너 짱 멋지다아~	독립어+주어+부사어+서술어	짱 A-다
기범아. 어떻게 그렇게 한결 같냐?	독립어+부사어+서술어	어떻게 그렇게 N같냐?
오오! 진짜 유연하네.	독립어+부사어+서술어	진짜 A-네(요)
와 진짜 근사하다.	독립어+부사어+서술어	진짜 A-다
자기 오늘 너무 이쁘다?	독립어+부사어+서술어	너무 A-다
야 근사하다	독립어+서술어	A-다
와 대단하시다.	독립어+서술어	A-다
아유, 이뻐라.	독립어+서술어	A-아/어/여라
아휴- 실물이 꼭 인형 같네.	독립어+주어+부사어+서술어	N같다
정우 넌 받을 자격 있어.	주어+관형어+주어+서술어	N이/가 있다
아, 트레이닝복 참 이뻐요. 고 품격이야.	독립어+주어+부사어+서술어 서술어	참 A-아/어/여(요) N(이)다
아이구, 우리 정우 정말 장하다.	독립어+주어+부사어+서술어	정말 A-다
와, 어쩜 머리카락이 이렇게 밍크털이에요? 갈라진 거 하나 없이?	독립어+주어+부사어+서술어	어쩜 이렇게~N이에요?
와! 색깔 예쁘다	독립어+주어+서술어	A-다

아후 참. 우현 씬 목소리가 참 멋지시네요.	독립어+주어+부사어+서술어	참 A-네(요)
너 괜찮은 애라고 생각해.	목적어+부사어+서술어	NP-라고 생각하다
이걸 정말 한별이가 했다구?	목적어+부사어+주어+서술어	정말 V-다고(요)?
진짜 생각보다 똑똑하네.	부사어+서술어	N보다 A-네(요)
미자씨, 이야, 여기 있는 여자들 중에 제일 이쁘네.	독립아+주어+서술어	N중에 제일 A-네(요)
고마워요. 고사리손으로 예쁜 대본 써줘서….	부사어+관형어+목적어+서술어	V-아/어/여 주어서
역시 사돈이 해준 순댓국이 제일 맛있어.	부사어+관형어+주어+부사어+서술어	제일 A-아/어/여(요)
TV 보는 것보다 너한테 이야기 듣는 게 더 재밌다.	부사어+관형어+주어+부사어+서술어	N보다 더 A-다
오늘따라 되게 곱다. 화장두 잘 받고. 최수빈답다,	부사어+서술어 주어+부사어+서술어 서술어	되게 A-다 잘 V-고 N답다
아저씬 진짜 어른 같아요. 진짜 좋은 어른.	주어+부사어+서술어 부사어+관형어+서술어	진짜 N같다 진짜 A-(으)ㄴ N
건강해 보이구요.	부사어+서술어	A-아/어/여 보이다
진짜 마음에 든다.	부사어+서술어	V-ㄴ/는다
너라면 잘할 수 있어.	부사어+서술어	너라면 V-(으)ㄹ 수 있다
넘 귀엽다…….	부사어+서술어	너무 A-다
오늘따라 이쁘시네요.	부사어+서술어	A-네(요)
보기 좋은데요?	부사어+서술어	V기 A-(으)ㄴ데요
더 이쁘다.	부사어+서술어	더 A-다
아주 멋지십니다!	부사어+서술어	아주 A-(으)ㅂ니다
진짜 많이 컸어. 진짜 작가 같다 이제.	부사어+서술어 부사어+서술어+부사어	진짜 V-았/었/였어(요) 진짜 N같다
생각했던 것보다 훨씬 근사하다.	부사어+서술어	N보다(V-았던 것 보다) 훨씬 A-다
지금도 멋져요.	부사어+서술어	A-아/어/여(요)
참 미인이시네요.	부사어+서술어	참 A-네(요)
아저씨 요새 멋있어지셨어요.	주어+부사어+서술어	A-아/어/여지다
너무 예쁘다	부사어+서술어	너무 A-다
너무 재밌던데요?	부사어+서술어	너무 A 있던데(요)
아주 좋은데요?	부사어+서술어	아주 A-(으)ㄴ데요
무지개보다 낫네요.	부사어+서술어	N보다 A-네(요)

너무 포근하고 좋아요	부사어+서술어	너무 A-고 A-아/어/여(요)
역시 당신은 어떻게 돈을 쓰는 게 잘 쓰는 건지 아는 분이세요.	부사어+주어+관형어+서술어	역시 N은 N을 아는 사람이다
이 중 니가 영어를 제일 잘하는 기 같다.	부사어+주어+목적어+부사어+서술어	제일 V-는 것 같다
오늘 포스가 장난 아니던데?	부사어+주어+서술어	A-던데(요)
지금 컨셉 그대로 꽤 귀엽다구	부사어+주어+부사어+서술어	꽤 A-다고
아무튼 못하는 게 없다니까	부사어+관형어+주어+서술어	아무튼 A-다니까
역시 오윤아 멋있어!	부사어+주어+서술어	A-아/어/여지다 A-아/어/여 보이다
요즘 안색이 환해지신 게, 생기 있어 보이시구……	부사어+주어+서술어 주어+서술어	A-아/어/여 보이다
이래서 난 니가 이쁘다.	부사어+주어+서술어(주+술)	이래서 A-다
제법이다.	서술어	N(이)다
이쁘네요	서술어	A-네(요)
곱다.	서술어	A-다
맛있네요.	서술어	A-네(요)
부지런하시네요.	서술어	A-네(요)
재밌어요.	서술어	A-아/어/여(요)
괜찮던데요.	서술어	A-던데(요)
기특하네.	서술어	A-네(요)
이뻐요. 화려해요.	서술어 서술어	A-아/어/여(요) A-아/어/여(요)
잘했어, 잘했어!	서술어+서술어	V-았/었/였어(요)
이뻐, 이뻐.	서술어+서술어	A-아/어/여(요)
잘했다. 잘했어!	서술어 서술어	V-았/었/였다 V-았/었/였어(요)
잘했다. 장아영이!	서술어+독립어	V-았/었/였다
너 아주 유능해. 손님을 기분 좋게 해,	주어+부사어+서술어 목적어+서술어	아주 V-아/어/여(요) A-게 하다
당신 참 좋은 여자야.	주어+관형어+서술어	참 A-(으)ㄴ N(이)다
정우 너는 자기 식구들 고생은 안 시킬 거야.	주어+목적어+서술어	V-(으)ㄹ 거야
너 진짜 장사 잘한다.	주어+부사어+목적어+서술어	진짜 V-ㄴ/는다
실력이 대단하시다고	주어+서술어	V-다고
우리 고모는 마음도 이쁘다니까.	주어+서술어(주+술)	A-다니까

미자 씬 왠지 좀 편한 거 같아요	주어+부사어+서술어	왠지 A-(으)ㄴ 것 같다
지금이 딱 좋아요.	주어+부사어+서술어	딱 A-아/어/여(요)
너 오늘 참 이쁘다.	주어+부사어+서술어	A-다
면사포 쓰기 딱 좋은 나이다. 파릇파릇하니 생기가 넘치는 구나. 넌 언제 봐도 기분 좋은 얼굴이다.	부사어+서술어 부사어+주어+서술어 주어+부사어+관형어+서술어	딱 A-ㄴ N(이)다 N이/가 V-는구나 N(이)다
사장님은 멋진 분입니다. 제 마음에 들어요.	주어+관형어+서술어 관형어+부사어+서술어	N입니다 V-ㄹ아/어/여(요)
넥타이가 인물을 못 따라가네.	주어+목적어+부사어+서술어	V-네(요)
나 그거 너무 재밌게 봤는데	주어+목적어+부사어+서술어	너무 A-게 V-(으)ㄴ데(요)
자기 일 잘하는구나.	독립어+주어+목적어+서술어	V-는구나
니 반장으로서, 참 잘해줬어.	주어+부사어+서술어	참 V-았/었/였어(요)
이거 정말 기분 좋은 곳이다.	주어+부사어+관형어+서술어	A-(으)ㄴ N(이)다
장 대린 미스터리샤퍼로서 유 능한 사람이야.	주어+부사어+관형어+서술어	N이야
너 오늘 참 멋지드라.	주어+부사어+서술어	참 A-더라
분위기가 독특하신 것 같은데요	주어+서술어	A-(으)ㄴ것 같은데요
니가 해 주는 건 다 맛있더라.	주어+부사어+서술어	A/V-더라
드라이버가 잘 맞는구나.	주어+부사어+서술어	잘 V-는구나
이름 진짜 이쁘네요.	주어+부사어+서술어	진짜 A-네(요)
내가 우리 여진이 덕에 호강 하는구나. 니가 어릴 때부터 정은 많은 아이였어.	주어+부사어+서술어 주어+부사어+관형어+서술어	N덕에 V-는구나 N이/가 A-(으)ㄴ-N(이)다
너 오늘 누굴 꼬시려고 이렇 게 예쁘게 하고 왔어?	주어+부사어+서술어	V-았/었/였어(요)
메뉴들 진짜 마음에 들어.	주어+부사어+서술어	진짜 V-아/어/여(요)
머릿결 너무 좋다. 부러워요.	주어+부사어+서술어 서술어	너무 A-다 A-아/어/여(요)
색깔 너무 이쁘다.	주어+부사어+서술어	너무 A-다
기획안 재밌어요. 대본은 더 재밌구요.	주어+서술어 주어+부사어+서술어	A-아/어/여(요) 더 A-고(요)
언니 굉장히 이뻐 보인다.	주어+부사어+서술어	굉장히 A-아/어/여 보이다
우리 자기, 너무 이쁘다.	독립어+부사어+서술어	너무 A-다
눈이 참 맑으십니다.	주어+부사어+서술어	참 A-(으)ㅂ니다
모발이 아주 건강하네요. 상태 굉장히 좋은데요?	주어+부사어+서술어 주어+부사어+서술어	아주 A-네요 A-(으)ㄴ데(요)

호호호! 성격도 너무 좋다.	독립어+주어+부사어+서술어	너무 A-다
수빈 씬 얼굴만큼이나 이름이 참 예쁘세요.	주어+부사어+서술어(주+부+술)	N만큼이나 참 A-아/어/여(요)
너 진짜 배짱 좋다.	주어+부사어+서술어(주+술)	진짜 A-다
넌 요새 인기 많더라?	주어+부사어+서술어(주+술)	N이/가 A-더라
내가 이래서 서작가가 좋다니까.	주어+부사어+서술어(주+술)	이래서 A-다니까
어린이 요리 교실 기획안 좋더라.	관형어+주어+서술어	A-더라
기억력 좋으시다.	주어+서술어	A-다
기억력이 좋으시네요.	주어+서술어	A-네(요)
니가 최고야.	주어+서술어	N(이)야
영상이 아주 좋더라구요. 디테일도 살아있고.	주어+부사어+서술어 주어+서술어	아주 A-더라고요 V-고
엄마 최고!	주어+서술어	N(다)
너 작가하지 그랬어?	주어+서술어	V-지 그랬어?
얼굴 좋네…….	주어+서술어	A-네(요)
난 엄마 닮았다는 게 자랑스러운데?	주어+서술어(주+술)	A-(으)ㄴ데?
난 형이 내 형인 게 진짜 좋다	주어+서술어(주+부+술)	진짜 A-다
너는 한복 입었을 때가 제일 이뻐!	주어+서술어(주+부+술)	제일 A-아/어/여(요)
미자 씨 한복 잘 어울리네.	주어+서술어(주+부+술)	잘 V-네(요)
형은 뭘 해도 멋있을 거야.	주어+부사어+서술어	뭘 해도 A/V-(으)ㄹ거야
미자 씬 뭘 신어도 예뻐요.	주어+부사어+서술어	뭘 V-아/어도 A-아/어/여(요)
먹어도 될지 모르겠다. 너무 예뻐서.	부사어+서술어	너무 A-아/어/여서
역시 대단하신가보다	부사어+서술어	역시 A하다
정우 너는 자기 식구들 고생은 안 시킬 거야.	주어+목적어+서술어	V-(으)ㄹ 거야

(2) DCT예문

건강하시네요.	서술어	A-네(요)
공부 잘한다.	목적어+서술어	V-ㄴ/는다
공부 참 열심히 하는구나.	목적어+부사어+서술어	참 V-는구나
귀여워.	서술어	A-아/어/여(요)
귀엽다.	서술어	A-다
그 머리 잘 어울린다.	관형어+주어+부사어+서술어	잘 V-ㄴ/는다

그렇게 입으니까 예쁜걸.	부사어+서술어	그렇게 V-니까 A-(으)ㄴ걸
그렇게 입으시니까 잘 어울리세요.	부사어+서술어	그렇게 V-니까 V-(으)세요
나보다 네가 더 낫다.	부사어+주어+부사어+서술어	N보다 더 A-다
나보다 훨씬 낫다.	부사어+서술어	N보다 훨씬 A-다
날씬하다.	서술어	A-다
너 (일) 잘하는구나.	주어+목적어+서술어	V-는구나
너 괜찮은 여자다.	주어+부사어+서술어	괜찮은 N(이)다
너 되게 착실하다.	주어+부사어+서술어	되게 A-다
너 성격 진짜 좋다.	주어+부사어+서술어	진짜 A-다
너 시원시원하다.	주어+서술어	A-다
너 오늘 괜찮다.	주어+부사어+서술어	A-다
너 오늘 예뻐 보인다.	주어+부사어+서술어	A-아/어/여 보이다
너 오늘 예쁜데.	주어+부사어+서술어	A-(으)ㄴ데
너 오늘 정말 예쁘다	주어+부사어+서술어	정말 A-다
너 오늘 좀 이쁘다.	주어+부사어+서술어	좀 A-다
너 오늘 좋다.	주어+부사어+서술어	A-다
너 일 잘한다.	주어+목적어+서술어	V-ㄴ/는다
너 정말 잘생겼구나.	주어+부사어+서술어	정말 V-았/었/였구나
너 정말 착하구나.	주어+부사어+서술어	정말 A-구나
너 진짜 착하다	주어+부사어+서술어	진짜 A-다
너는 참 괜찮은 아이야.	주어+관형어+서술어	참 A-(으)ㄴ N이야
너랑 같이 있으면 든든해.	부사어+서술어	A-아/어/여(요)
너의 배려심은 나를 감동시켜.	관형어+주어+목적어+서술어	V-아/어/여(요)
넌 어디서나 예쁨 받을 거야.	주어+부사어+목적어+서술어	V-(으)ㄹ 거야
넌 정말 시집가서 잘 살거야.	주어+부사어+서술어	N은/는 시집가서 잘살거야
네가 더 낫다.	주어+부사어+서술어	더 A-다
노래 잘하시던데요.	주어+부사어+서술어	V-던데요
누나, 정말 멋있어요.	독립어+부사어+서술어	정말 A-아/어/여(요)
누나가 최고야.	주어+서술어	N(이)야
능력 있다.	주어+서술어	N이/가 있다
능력이 부러워요.	주어+서술어	A-아/어/여(요)
능력이 있으세요.	주어+서술어	N이/가 있다
대단하시네요.	서술어	A-네(요)
대단해.	서술어	A-아/어/여(요)
도와줘서 고마워요. 선배 참	주어+부사어+서술어	참 A-아/어/여(요)

착해요.		
되게 세심하신가 봐요	부사어+서술어	A/V-은/ㄴ/는가 보다
듬직하다.	서술어	A-다
똑똑하다.	서술어	A-다
말 잘 듣는다.	목적어+부사어+서술어	잘 V-ㄴ/는다
매너 좋으세요.	주어+서술어	A-(으)세요
멋있다.	서술어	A-다
멋져요.	서술어	A-아/어/여(요)
멋지게 활동하는 모습이 참 보기 좋습니다.	관형어+주어+부사어+서술어	참 V-기 좋다
멋지다.	서술어	A-다
멋지세요.	서술어	A-(으)세요
목소리가 좋으시네요.	주어+서술어	A-네(요)
뭐야. 너 오늘 소개팅하는구나.	독립어+주어+부사어+서술어	V-는구나
믿을만하다.	서술어	V-(으)만하다
발음이 좋다.	주어+서술어	A-다
배려를 잘하시네요.	목적어+서술어	V-네(요)
배려심이 깊네요.	주어+서술어	A-네(요)
배려심이 깊다.	주어+서술어	A-다
본받고 싶어요.	부사어+서술어	V-고 싶다
사랑스러워.	서술어	A-아/어/여(요)
살 빠졌네요.	주어+서술어	V-았/었/였네(요)
살 빠졌지?	주어+서술어	V-았/었/였지(요)?
살이 빠지셨어요.	주어+서술어	V-았/었/였어(요)
선배 성격 정말 좋아요.	관형어+주어+부사어+서술어	정말 A-아/어/여(요)
선배 오늘 멋져요.	주어+목적어+서술어	A-아/어/여(요)
선배 오늘 어디 가세요?	주어+부사어+목적어+서술어	V-(으)세요
선배 오늘 이쁘세요.	주어+부사어+서술어	A-(으)세요
선배 이거 잘하네요.	주어+목적어+서술어	V-네(요)
선배 인내심이 깊어요.	주어+서술어(주+술)	A-아/어/여(요)
선배 정말 착하시네요.	주어+부사어+서술어	정말 A-네(요)
선배님 머리 자르시니까 잘 어울리세요.	S+부사어+서술어	V-니까 잘 V-(으)세요
선배님 오늘 너무 이뻐요	주어+부사어+서술어	너무 A-아/어/여(요)
선배님 오늘따라 멋있어 보여요	주어+부사어+서술어	A-아/어/여 보이다

선배님 이거 잘하시는데요.	주어+목적어+서술어	V-는데(요)
선배님 진짜 잘하시는 것 같아요.	주어+부사어+서술어	진짜 V-는 것 같다
선배님. 오늘 멋있어요.	독립어+부사어+서술어	A-아/어/여(요)
선배처럼 되고 싶어요.	부사어+서술어	V-고 싶다
성격 정말 좋으시네요.	주어+부사어+서술어	정말 A-네(요)
성격 좋다	주어+서술어	A-다
성격 좋아요.	주어+서술어	A-아/어/여(요)
성격이 왜 이렇게 좋아.	주어+부사어+서술어	왜 이렇게 아/어/여(요)?
성격이 좋은 거(것) 같아.	주어+서술어	A-(으)ㄴ 것 같다
성공한 모습을 본받고 싶어요.	관형어+목적어+서술어	V-고 싶다
성실하구나.	서술어	A-구나
세심하시네요.	서술어	A-네(요)
스타일 좋은데요?	주어+서술어	A-(으)ㄴ데
실력이 부러워요.	주어+서술어	A-아/어/여(요)
실력이 좋다.	주어+서술어	A-다
○○아 그런 생각을 다 했구나. 잘했다.	독립어+목적어+부사어+서술어 서술어	그런 N을 다 하다 V-았/었/였다
아버지 완전 네이티브신데요?	주어+부사어+서술어	완전 N-(이)ㄴ데요
아빠 짱 멋있어.	주어+부사어+서술어	짱 A-아/어/여(요)
아직 정정하시네요.	부사어+서술어	A-네(요)
시험을 그렇게 잘 보다니 대단해요.	부사어+서술어	V-다니 A-아/어/여(요)
아휴 예뻐라. 시집가도 되겠다.	독립어+서술어 부사어+서술어	A-아/어/여라 시집가도 되겠다
애기들. 귀여워졌네.	독립어+서술어	A-아/어/여지다
약속을 잘 지키는구나.	목적어+부사어+서술어	잘 V-는구나
어떻게 공부했어요?	부사어+서술어	어떻게 V-았/었/였/였어(요)?
어떻게 그렇게 공부를 잘하셨어요?	부사어+목적어+서술어	어떻게 그렇게 V-았/었/였어(요)?
어떻게 이렇게 생각할 수 있어?	부사어+서술어	어떻게 이렇게 V-(으)ㄹ 수 있어(요)?
어떻게 이렇게 이뻐.	부사어+서술어	어떻게 이렇게 A-아/어/여(요)
언니 오, 그렇게 입으니까 이쁜데.	독립어+부사어+서술어	그렇게 V-니까 A-(으)ㄴ데(요)
언니 오늘 정말 잘하셨어요.	주어+부사어+서술어	정말 V-았/었/였어(요)
얼~ 잘하는데요?	독립어+서술어	V-는데(요)
엄마 최고야.	주어+서술어	N(이)야

역시 내 후배야.	부사어+관형어+서술어	역시 N(이)야
역시 ○○이다.	부사어+서술어	N(이)다
역시 제가 존경할 만 하시네요.	부사어+주어+서술어	역시 V-(으)ㄹ만 하네요
열심히 하시네요.	부사어+서술어	V-네(요)
예의 바르구나.	주어+서술어	A-구나
예의바르다.	서술어	A-다
오 매너 좋은데?	독립어+주어+서술어	A-(으)ㄴ데
오, 멋진데	독립어+서술어	A-(으)ㄴ데(요)
오늘 멋지네.	부사어+서술어	A-네(요)
오늘 멋진걸?	부사어+서술어	A-(으)ㄴ걸
오늘 입은 옷 이쁘다.	부사어+관형어+주어+서술어	A-다
오늘따라 더 예뻐 보이시네요.	부사어+서술어	A-아/어/여 보이다
오늘 입은 옷 잘 어울리세요.	관형어+주어+부사어+서술어	잘 V-세요
완전 얼짱이다.	부사어+서술어	N(이)다
우리 딸 이쁘다.	주어+서술어	A-다
우리 딸이 최고다.	주어+서술어	N(이)다
우리 오빠가 최고야.	주어+서술어	N(이)야
우와. 너 이런 것도 할 줄 알아?	독립어+주어+목적어+서술어	이런 것도 V-(으)ㄹ 줄 알아(요)?
웃기다.	서술어	V-ㄴ/는다
이런 것도 할 수 있어?	관형어+목적어+서술어	이런 것도 V-(으)ㄹ 수 있어?
이뻐요.	서술어	A-아/어/여(요)
이뻐지셨어요.	서술어	V-아/어/여지다
이쁘다.	서술어	A-다
이쁜아. 이뻐	독립어+서술어	A-아/어/여(요)
일을 참 잘하시네요.	목적어+부사어+서술어	참 V-네(요)
자랑스럽다.	서술어	A-다
자식 잘생겼네.	독립어+서술어	V-았/었/였네(요)
잘 어울려서 멋있어요.	부사어+서술어	A-아/어/여(요)
잘 어울려요.	부사어+서술어	잘 V-아/어/여(요)
잘 어울린다.	부사어+서술어	잘 V-ㄴ/는다
잘생겼어	서술어	V-았/었/였어(요)
잘하시네요.	서술어	V-네(요)
잘해왔네.	서술어	V-았/었/였네(요)
잘했다.	서술어	V-았/었/였다

잘했어.	서술어	V-았/었/였어(요)
재밌다.	서술어	A-다
젊어지셨어요.	서술어	V-아/어/여지다
정말 보기 좋은 것 같아요.	부어+서술어	정말 V-기 A-(으)ㄴ 것 같다
정말 열심히 하는구나.	부사어+서술어	정말 V-니/는구나
존경해.	서술어	V-아/어/여(요)
좀 한다.	부사어+서술어	V-ㄴ/는다
좋구나.	서술어	A-구나
중국어 너무 잘하셔서 부러워요.	부사어+서술어	너무 A/V아/어/여서 A-아/어/여(요)
중국어 잘한다.	목적어+서술어	V-ㄴ/는다
중국어 참 잘하시네요.	목적어+부사어+서술어	참 V-네(요)
중국인 같다.	부사어+서술어	N같다
중국인 같이 잘한다.	부사어+서술어	V같이 V-ㄴ/는다
진짜 생각보다 똑똑하네.	부사어+서술어	N보다 A-네(요)
착하다.	서술어	A-다
참 마음에 든다.	부사어+서술어	참 V-ㄴ/는다
키 크다.	주어+서술어	A-다
평소랑 다르시네요.	부사어+서술어	A-네(요)

부록 2- 중국 칭찬어 문장 구조 및 표현문형 예시

(1) 드라마 예문

예문	문장 성분	표현문형
真的没想到，我老婆原来这么样为别人着想，看来我没看错人。	주어+부사어+술어，주어+부사어+술어+목적어	真的没想到，原来+N+这么样+V，看来我没看错人
古老师果然是教语文的 文学造诣就是不一样	주어+부사어+是+목적어，주어+부사어+술어	果然+是+N，N+就是不一样
刘恋你是个好女孩 你聪明能干温柔体贴 我做梦都想能娶到一个像你这样的女孩	독립어+주어+是+목적어，주어+술어	是个+A+N A1+A2+A3+A4
你有魄力有能力而且事实证明你真的能干大事	주어+有+목적어，주어+부사어+술어+목적어	有+N，有+N 真的+V+N
这个最好吃了 真是太好了 我来上海还没吃过一顿像样的早餐呢	주어+부사어+술어.부사어+술어 주어+부사어+목적어	最+A+了 真是+太+A+了 没+V过+像样的+N
你的企划很精彩也很有创意 我也很钦佩	주어+부사어+술어，부사어+很+有+목적어，주어+부사어+술어	很+A，也+很+有+N，也+很+A
你跳得真好 我就喜欢看你这样跳	주어+술어+得+보어 주어+부사어+술어+목적어	V+得+真+A 我+就+喜欢+V+你-
武打动作新颖刺激	주어+술어	A
你是公司的骨干	주어+是+목적어	是+N
这段日子以来，我觉得你让我成熟了不少。	주어+술어+목적어(주어+부사어+술어+수량보어)	我觉得+你-
看着你为自己的理想不断努力 我真的感到很钦佩啊。	주어+부사어+술어+목적어(부사어+술어)	真的+V+很+A+啊
我觉得你拿酒瓶K色狼的時候好帥喔	주어+술어+목적어(주어+부사어+술어)	我觉得+你-
看的出来你平时做了不少功课。	술어+목적어(주어+부사어+술어+목적어)	看得出来+你-平时+V+不少
康平真看不出你还会做菜呢。	독립어+술어+목적어(주어+부사어+술어+목적어)	真+看不出+你-
我简直是身临其境。	주어+부사어+是+목적어	简直+是-
我相信你有这个实力。	주어+술어+목적어(주어+有+목적어)	我相信+你+有-
我觉得你们也很有骨气哦。	주어+술어+목적어(주어+부사어+很+有+목적어)	我觉得+你们-

嗯, 我可喜欢看您演的戏了。	독립어+주어+부사어+술어+목적어(주어+술어+N)	我+可+喜欢+你~
当然了, 还有你这么好的朋友。	부사어+有+관형어+목적어	还有+N+这么+A+N
好吃, 想不到我们晓辉还会做洋面条。	술어, 술어+목적어(주어+부사어+술어+목적어)	A, 想不到+N+还会+V+N
你是个好女孩, 谁娶了你都会幸福的。	주어+是+관형어+목적어, S+부사어+술어	是+个+A+N 谁娶了你都会幸福的
余一飞啊 最近你的学习成绩很有 起色啊	독립어, 부사어+주어+很+有+목적어	很+有+N+啊
挺精神的嘛 大博士	부사어+술어, 독립어	挺+A+的+嘛
好香啊, 做得不错	부사어+술어, 술어+得+보어	好+A+啊, V+得+A
飞儿老师, 我的舞蹈是没你跳得好, 咱们再去比点别的怎样?	독립어+주어+是+부사어+술어+得+보어	没+N+V+得+A
以前, 从来没人, 像你这么恳切地站在我的立场替我想得那么多的。	부사어+술어+목적어, 부사어+술어+목적어+부사어+술어+得+보어	从来没有人, 像+你+这么+A+~+那么+A
你干得真棒。	주어+술어+得+보어	V+得+真+A
你画得挺不错的	주어+술어+得+보어	V+得+挺+A+的
你画得真好。	주어+술어+得+보어	V+得+真+A
这场戏拍得非常精彩, 就差那么一点了。	주어+술어+得+보어	V+得+非常+A
楊經理妳猜得真準耶	독립어, 주어+술어+得+보어	V+得+真+A+耶
完全正确。不错	부사어+술어. 술어	完全A A
可是在我眼里, 无论什么时候, 你总是最美丽的。	주어+부사어+是+술어	是+最+A+的
你和沈伊婷比起来, 那不是年轻漂亮多了。	주어+부사어+술어, 주어+不是+술어	你和+~比起来, 那不是+A多了
放心奶奶, 真的好看, 先放进袋子。	부사어+술어	真的+A
挺可爱的嘛	부사어+술어	挺+A+的+嘛
非常好	부사어+술어	非常+A
真的不错呀。	부사어+술어	真的+A+呀
真香啊	부사어+술어	真+A+啊
好香呀。	부사어+술어	好+A+呀
很好	부사어+술어	很+A

挺丰盛的	부사어+술어	挺+A+的
太棒了稀饭烙饼	부사어+술어	太+A+了
这么漂亮呀	부사어+술어	这么+A+呀
真漂亮, 奶奶, 你看看。	부사어+술어	真+A
我觉得特别好 真的挺好的	주어+술어+목적어(부사어+술어), 부사어+술어	我觉得+特别+A, 真的+挺A+的
没, 我只是觉得你穿这礼服, 真漂亮。	주어+부사어+술어+목적어(주어+술어+목적어, 부사어+술어)	我觉得+你~, 真+A
这次的眼神中有热情但又带着含蓄, 非常好	부사어+有+목적어(술어+부사어+술어+N), 부사어+술어	有+N+但+又+V+N 非常+A
不错 挺精神的	술어, 부사어+술어	A, 挺+A+的
我尝尝 好吃 真好吃	술어, 부사어+술어	A, 真+A
真够香的, 可真香啊	부사어+술어, 부사어+술어	真+A+啊, 可+真+A+啊
要我说绝对好一级棒	부사어+술어, 부사어+술어	绝对+A, 一级+A
我觉得也是你很特别和一般的女孩子不一样	주어+술어+부사어+술어+목적어(주어+부사어+술어), 부사어+술어	我觉得+你~ 和+N+不一样
哇天呐 太逼真了	독립어. 부사어+술어	太+A+了
波子穿這件外套還蠻帥的喔	S+부사어+술어	还+蛮+A+的+喔
裔天你真的是最棒的	독립어+주어+부사어+是+부사어+술어	是+最+A+的
刘恋你的煎蛋啊真是非同凡响啊	독립어+주어+부사어+술어	真是+非同凡响+啊
这里面你的功劳是最大的。 如果没有你 我真不知道能不能把游戏做出来	부사어+관형어+주어+술어 부사어+술어+목적어, 주어+是+부사어+술어	是+最+A+的, 如果+没有+你~
裔天你是怎么设计出来的啊	독립어+주어+是+부사어+술어	是+怎么+V+的+啊
哇塞 好高啊 是吧	독립어+부사어+술어	好+A+啊
这样很好, 我觉得演员就是这样	부사어+술어, 주어+술어+목적어(주어+부사어+술어)	这样+很+A, 我觉得+N~
沈小姐, 这段戏演的真棒。	주어+술어+得+보어	V+得+真+A
你笑起来真的很好看。	주어+술어+부사어+술어	真的+很+A
这款戴上去挺好看的	주어+술어+부사어+술어	挺+A+的
但在你, 很不错。还能静得下来。	부사어+술어	很+A

就这个最好吃了快点我都忍不住了	주어+부사어+술어	最+A+了
你怎么变聪明了。	주어+부사어+술어	怎么+变+A+了
画面太漂亮了	주어+부사어+술어	太+A+了
音响效果太逼真了	주어+부사어+술어	太+A+了
你的头发挺漂亮的	주어+부사어+술어	挺+A+的
上海男人果然名不虚传	주어+부사어+술어	果然+名不虚传
你很漂亮啊	주어+부사어+술어	很+A+啊
你对朋友都这么义气呀。	주어+부사어+술어	都+这么+A+呀
你给我的卸妆油真的很好用	주어+부사어+술어	给我的+N+真的+很+好+V
你朋友真多	주어+부사어+술어	真+A
你制服学生的那一招真绝	주어+부사어+술어	真+A
这房间真干净	주어+부사어+술어	真+A
你真了不起	주어+부사어+술어	真+A
你還真熱心。	주어+부사어+술어	还+真+A
沈小姐你心地真好	독립어+주어+부사어+술어	真+A
媽妳真好	독립어+주어+부사어+술어	真+A
好漂亮, 比咱们戏里定做的戏装遛漂亮。	부사어+술어, 부사어+술어	好+A, 比+-还+A
看不出来, 你还挺敬业的嘛。	주어+부사어+술어	看不出来, 你+还+挺+V+的+嘛
裔天我相信你 你肯定能行(아14)	독립어+주어+술어, 주어+부사어+술어	我+相信+N~, 肯定+A
裔天你简直太棒了	독립어+주어+부사어+술어	简直+太+A+了
喂 你今天超可愛的	독립어+주어+부사어+술어	超+A+的
林晖。你真好。	독립어+주어+부사어+술어	真+A
不过那动作好帅就象那个社交舞的伦巴	주어+부사어+술어	好+A
没想到今天你这么勇敢	술어+목적어(부사어+주어+부사어+술어)	没想到+你+这么+A
刘恋我今天看你在裔天面前落落大方的样子我真的很高兴	독립어, 주어+부사어+술어+목적어+주어+부사어+술어	真的+很+A
好小子身手不凡呀	독립어+주어+술어	身手不凡+呀
好漂亮 真的变漂亮了 好美 真的	부사어+술어, 부사어+술어+보어, 부사어+술어	好+A, 真的+变+A+了, 好+A

小南女神真是全世界最...可愛的妹妹了	주어+술어+목적어	真是+N
你实在是一个温柔的人	주어+부사어+是+목적어	实在+是+N
我喜欢看你那种认真的表情 你真是个称职的太太	주어+술어+목적어, 주어+술어+목적어	我喜欢+V+你- 真是+个+N
哎没想到你还是挺幽默的吗	술어+목적어(주어+부사어+술어)	没想到+你+挺+A+的
哎呀飞儿老师你真是个大玩家	독립어+주어+술어+목적어	真是+个+N
你是一个很热情的姑娘	주어+是+목적어	是+个+A+N
你是一个好人	주어+是+목적어	是+个+A+N
你是个非常有分寸的女孩子	주어+是+목적어	是+个+A+N
你是一个很有能力的人	주어+是+목적어	是+个+A+N
你太好了 你是我的活菩萨	주어+부사어+술어, 주어+是+목적어	太+A+了 你是我的+N
我覺得你的眼睛好像會說話而且是說那種很好聽的話	주어+술어+목적어(주어+부사어+술어+목적어), 술어+관형어+목적어	我觉得+你-
嗯 真好吃 这滋味就像老家的一样	독립어, 부사어+술어, 주어+부사어+술어	真+A 像+N一样
余一飞 有进步, 老师相信你能够成功的	독립어+술어+목적어, 주어+술어+목적어	有+N, 我相信+你-
林晖, 什么时候也来教教我学怎么化妆呀。	독립어, 부사어+술어+목적어	什么时候+也+V+我-
肯定好 一看就知道你手艺很好, 康平真是口福不浅呀	부사어+술어, 부사어+술어+목적어, 주어+부사어+술어	肯定+A 很+A 口服不浅+啊
你这人不坏啊。还挺会安慰鼓励人的。	주어+술어, 부사어+술어+목적어	不+A+啊, 还+挺+会+V+N的
反正不管别人怎么想 我是已经认定你是一位好老师了。	주어+부사어+술어+목적어(주어+술어+목적어)	我+认定+你-
你还真会体贴人啊。	주어+부사어+술어+목적어	真+会+V+N+啊
我真是跟你处的时间越长, 我就越尊敬你。	주어+부사어+술어+목적어	真是+越A, 就+越+V+N
霍伯伯一直很欣赏妳。	주어+부사어+술어+목적어	很+V+N
我觉得您的装束特别像白领, 所以这个特别适合您	주어+술어+목적어(주어+부사어+술어+목적어), 주어+부사어+술어+목적어	我觉得+你-, 特别+V+N
小余你越来越像热血青年了。	독립어+주어+부사어+술어+목적어	越来越+像+N+了

高老师你一个单身男人怎么懂那么多煮饭的事情啊	독립어+주어+부사어+술어+목적어	怎么+V+那么+A
哇 我从来没有看过这么精彩的武打设计	독립어+주어+부사어+술어+목적어	从来+没有+V过+N
挺合适的 你看颜色款式都挺衬你的吗	부사어+술어.주어+부사어+술어+목적어	挺+A+的,你看+N1+N2+都+挺+V+你+的
你善良, 快乐, 勇敢, 大方, 乐于助人。	주어+술어+술어+목적어	A1+A2+A3+A4
三维动画身临其境	주어+술어+목적어	身临其境
很好 你进步了10分 整整10分终于飞过60大关了	부사어+술어,주어+술어+보어,	很+A, N+V+了
这是有好的表现的奖赏	주어+是+관형어+목적어	这是+N
没想到夏老师平时挺文静的 还真有两下子	술어+목적어(주어+부사어+술어),부사어+有+목적어	没想到+你-还+真+有+两下子
你的英语真的有进步啊	주어+부사어+有+목적어	真的+有+V+啊
康平没想到你这么有意思啊	독립어+술어+목적어(주어+부사어+有+목적어)	没想到+你这么+A+啊
那你挺有天分的。	주어+부사어+有+목적어	挺+有+N+的
齐叔真不错 没想到你还有这么一手	주어+부사어+술어,술어+목적어(주어+부사어+有+목적어)	真+A,没想到+你+还有+这么一手
我觉得你以后可能不但是一个影视红星, 而且具备有当广告明星的潜质呢!	주어+술어+목적어(주어+부사어+是+목적어,술어+有+관형어+목적어)	我觉得+你+不但-而且-+呢
你当了董事长眼界大开啊 说是不懂电脑游戏可是连上网收费都了解得清清楚楚 公司有高人吧	주어+술어+목적어+주어+술어,술어+목적어,부사어+술어+得+보어주어+有+목적어	N+V,说是+-可是+-V+得+A有+N+吧
不错 很有进步嘛	술어,很+有+목적어	A, 很+有+N+嘛
听说古老师对教学很有研究	주어+부사어+很+有+목적어	听说+N+很+有+N
古老师, 你很有分寸能不能分我一点	독립어, 주어+很+有+목적어	很+有+N
我最喜欢你不做明星的时候, 像个邻家女孩那么可爱。	주어+부사어+술어+목적어,부사어+술어	我(最)喜欢+你-,像+N+那么+A
你太厉害了, 好可爱	주어+부사어+술어,부사어+술어	太+A+了, 好+A
有气质的女人更魅力, 而且这么	주어+부사어+술어,	有+N+更+A, 这么+有+N

有亲和力,	부사어+有+목적어,	
好吃	술어	A
要是你去演, 肯定好。	주어+술어+목적어, 부사어+술어	要是+你+V, 肯定+A

DCT

你怎么这么有能力, 把事情做得这么完美	주어+부사어+有+목적어, 부사어+술어+得+보어	怎么+这么+有+N V+得+这么+A
老师最近身材变好了, 皮肤也好了, 越来越年轻了	주어+부사어+술어(주어+술어+결과보어) 주어+부사어+술어, 부사어+술어	变+好+了, N+也+好+了, 越来越+A+了
长得还行	술어+得+보어	V+得+还+A
长得还可以	술어+得+보어	V+得+还+A
好吃	술어	A
我特佩服你的勇气, 什么时候都那么勇敢, 相当自信	주어+부사어+술어+목적어, 부사어+술어, 부사어+술어	我+特+佩服+你的N 什么时候+都+那么+A 相当+A
真的很帅, 酷	부사어+술어, 술어	真的+很+A, A
师兄最近又发表论文了, 越来越有成就了	주어+부사어+술어+목적어 부사어+有+목적어	又+V+N+了, 越来越+有+N+了
好, 有前途。好好干!	술어, 有+목적어	A, 有+N 好好+V
我觉得你在XX方面很强啊	주어+술어+목적어(주어+부사어+술어)	我觉得+你+很+A+啊
我觉得你挺好看的呀	주어+술어+목적어(주어+부사어+술어)	我觉得+你+挺+A+的呀
我觉得你挺男人的	주어+술어+목적어(주어+부사어+술어)	我觉得+你+挺+N+的
你的脑袋瓜子真好使, 可以把这种数学学术上的东西分析地这么透彻	주어+부사어+술어, 부사어+술어+得+보어	真+好+V 把+N+V+得+这么+A
好年轻	부사어+술어	好+A
长得美丽	술어+得+보어	V+得+A
教得很好	술어+得+보어	V+得+很+A
长得很漂亮	술어+得+보어	V+得+很+A
长得不错嘛!	술어+得+보어	V+得+A+嘛
做得很好	술어+得+보어	V+得+很+A

做得真好!	술어+得+보어	V+得+真+A
成长得很快	술어+得+보어	V+得+很+A
懂得真多	술어+得+보어	V+得+真+A
长得漂亮	술어+得+보어	V+得+A
你做得好，干得好	주어+술어+得+보어, 술어+得+보어	V+得+A, V+得+A
长得好看，穿得好看	술어+得+보어, 술어+得+보어	V+得+A, V+得+A
你也可以做得很好啊	주어+부사+술어+得+보어	也可以+V+得+很+A+啊
兄弟做得好	주어+술어+得+보어	V+得+A
居然做得这么好	부사어+술어+得+보어	居然+V+这么+A
老师，最近变得越来越漂亮了	독립어, 부사어+술어+得+보어	变+得+越来越+A+了
您这件事做得真漂亮	주어+부사어+술어+得+보어	V+得+真+A
你今天穿得很帅	주어+부사어+술어+得+보어	V+得+很+A
你怎么长得这么漂亮	주어+부사어+술어+得+보어	怎么+V+得+这么+A
你今天打扮得好可爱。	주어+부사어+술어+得+보어	V+好+A
今天的发表发表得好好啊	주어+술어+得+보어	V+得+好+A+啊
你长得很漂亮啊	주어+술어+得+보어	V+得+很+A+啊
你懂得真多	주어+술어+得+보어	V+得+真+A
作业准备得不错吗	주어+술어+得+보어	V+得+A+嘛
你化妆化得怎么这么好	주어+술어+得+보어	V+得+怎么+这么+A
你穿得好可爱	주어+술어+得+보어	V+得+好+A
你做事做得好	주어+술어+得+보어	V+得+A
你长得真好	주어+술어+得+보어	V+得+真+A
师姐，你长得好漂亮	독립어, 주어+술어+得+보어	V+得+好+A
老师您讲得真好	독립어+주어+술어+得+보어	V+得+真+A
这件事处理得真好	주어+술어+得+보어	V+得+真+A
你可爱死了	주어+술어+보어	A+死+了
臭小子，不错嘛	독립어, 술어	A+嘛
您的气质真是好	주어+부사어+술어	真是+A
你今天看起来好漂亮	주어+부사어+술어	看起来+好+A
很漂亮嘛	부사어+술어	很+A+嘛
真帅	부사어+술어	真+A
今天很漂亮	부사어+술어	很+A
努力学习	부사어+술어	努力+V

很靓哦	부사어+술어	很+A+哦
越来越帅了	부사어+술어	越来越+A+了
很帅哦	부사어+술어	很+A+哦
像亲姐姐一样	부사어+술어	像+N+一样
最近越来越漂亮	부사어+술어	越来越+A
很可爱	부사어+술어	很+A
真聪明	부사어+술어	真+A
越来越年轻了	부사어+술어	越来越+A+了
太美了	부사어+술어	太+A+了
很漂亮	부사어+술어	很+A
今天很帅	부사어+술어	很+A
太聪明了	부사어+술어	太+A+了
师姐, 真善良	독립어, 부사어+술어	真+A
小伙儿, 很帅啊	독립어, 부사어+술어	很+A+啊
那么厉害呀!真棒!	부사어+술어, 부사어+술어	那么+A+呀, 真+A
好可爱, 真漂亮	부사어+술어, 부사어+술어	好+A, 真+A
很严厉很和谐	부사어+술어, 부사어+술어	很+A, 很+A
您真年轻, 跟年龄一点不相等	주어+부사어+술어, 부사어+술어	真+A, 跟+N+A
老师, 你人真好, 对学生很关心	독립어, 주어+부사어+술어, 부사어+술어	你+人+真+A, 对N+很+A
性格很好、对人温和	주어+술어, 부사어+술어	很+A, 对N+A
哦, 这么厉害啊。太了不起了	독립어, 부사어+술어. 부사어+술어	这么+A+啊 太+A+了
老师说得好, 太好了	주어+술어+得+보어 부사어+술어	V+得+A, 太+A+了
哦, 今天好漂亮	독립어, 부사어+술어	好+A
妈妈真好。	주어+부사어+술어	真+A
看起来真年轻	부사어+술어	看起来+真+A
工作能力很厉害	주어+부사어+술어	很+A
成绩真棒	주어+부사어+술어	真+A
性格真好	주어+부사어+술어	真+A

老师真的很温柔	주어+부사어+술어	真的+很+A
老师好帅	주어+부사어+술어	好+A
你今天好漂亮呀!	주어+부사어+술어	好+A+呀
你能力挺高的	주어+부사어+술어	挺+A+的
成绩真好!	주어+부사어+술어	真+A
老妈对我太好了	주어+부사어+술어	太+A+了
你们太好了	주어+부사어+술어	太+A+了
你的职位很好	주어+부사어+술어	很+A
你穿这件衣服真漂亮	주어+부사어+술어	真+A
人很好	주어+부사어+술어	很+A
你太伟大了	주어+부사어+술어	太+A+了
你的心真好	주어+부사어+술어	真+A
你的体育真好	주어+부사어+술어	真+A
你好聪明	주어+부사어+술어	好+A
你好强	주어+부사어+술어	好+A
你好漂亮	주어+부사어+술어	好+A
你好活泼	주어+부사어+술어	好+A
你真帅	주어+부사어+술어	真+A
鞋真好看	주어+부사어+술어	真+A
师兄的能力很棒	주어+부사어+술어	很+A
老爸真伟大	주어+부사어+술어	真+A
师兄好厉害	주어+부사어+술어	好+A
词汇量很多	주어+부사어+술어	很+A
你对人好好啊	주어+부사어+술어	对+N+好+A+啊
你真的太可爱	주어+부사어+술어	真的+太+A
你很厉害	주어+부사어+술어	很+A
这么漂亮的脸蛋儿，谁都会百看不厌	관형어+N, 주어+부사어+술어	这么+A+N, 都+会+百看不厌
你很聪明	주어+부사어+술어	很+A
你怎么一直都这么年轻	주어+부사어+술어	怎么+这么+A
学习很好	주어+부사어+술어	很+A
您不管教学和样貌都太好了	주어+부사어+술어	不管+~都+太+A+了
爸爸真伟大	주어+부사어+술어	真+A
教学很棒	주어+부사어+술어	很+A
你真用功	주어+부사어+술어	真+A

发型真帅	주어+부사어+술어	真+A
学习真行	주어+부사어+술어	真+A
您真和蔼	주어+부사어+술어	真+A
学习挺不错的	주어+부사어+술어	挺+A+的
您真厉害	주어+부사어+술어	真+A
师姐真漂亮	주어+부사어+술어	真+A
这样的年纪身体真的很好	주어+부사어+술어	真的+很+A
您的授课真的太好了	주어+부사어+술어	真的+太+A+了
这件衣服很好看	주어+부사어+술어	很+A
你成绩好好啊	주어+부사어+술어	好+A+啊
你好可爱	주어+부사어+술어	好+A
你学习怎么这么好	주어+부사어+술어	怎么+这么+A
你要更加油呀!	주어+부사어+술어	更+V+呀
你真好强	주어+부사어+술어	真+A
你真漂亮	주어+부사어+술어	真+A
手表真好看	주어+부사어+술어	真+A
衣服真漂亮	주어+부사어+술어	真+A
你性格真好	주어+부사어+술어	真+A
做事情很认真	주어+부사어+술어	很+A
您气质很好	주어+부사어+술어	很+A
你真的好漂亮	주어+부사어+술어	真的+好+A
你学习很用功	주어+부사어+술어	很+V
您学习真认真	주어+부사어+술어	真+A
你人很好	주어+부사어+술어	很+A
师姐性格很好	주어+부사어+술어	很+A
爸, 你好伟大啊	독립어+주어+부사어+술어	好+A+啊
妈, 你对我的付出太多了	독립어+주어+부사어+술어	太+A+了
越来越漂亮了, 身材也好了	부사어+술어, 주어+부사어+술어	越来越+A+了, N+也+A+了
今天好漂亮, 这件衣服真好看	부사어+술어, 주어+부사어+술어	好+A, 真+A
你个子真高, 你什么都懂	주어+부사어+술어, 주어+부사어+술어	真+A, 什么+都+V
你很时尚, 穿着打扮不一般	주어+부사어+술어, 주어+부사어+술어	很+A, N+不一般
师姐越来越漂亮了, 而且学习还好	주어+부사어+술어,	越来越+A+了, 还+A

	주어+부사어+술어	
师妹, 你的能力很好, 成绩很好吧!	독립어+주어+부사어+술어, 주어+부사어+술어	N+很+A, N+很+A+吧
像你这样的身高, 每个女孩都会喜欢的	술어+목적어, 주어+부사어+술어	像+N, 都+会+V+的
哇, 你个子好高啊!	독립어+주어+부사어+술어	好+A+啊
老爸你很强	독립어+주어+부사어+술어	很+A
哥, 你对我真好	독립어+주어+부사어+술어	真+A
最近身材越来越好了	부사어+주어+부사어+술어	N+越来越+A+了
今天心情很好吗	부사어+주어+부사어+술어	很+A
某某 你今天气色很好	독립어+주어+부사어+주어+부사어+술어	很+A
这个你都知道啊	목적어+주어+부사어+술어	都+V+啊
工作认真 仔细	주어+술어+술어	A1+A2
读书仔细认真	주어+술어+술어	A1+A2
这身衣服好看	주어+술어	A
工作负责	주어+술어	A
学得很快 进步大	술어+得+보어, 주어+술어	V+得+很+A, N+A
性格好, 打扮时尚	주어+술어, 주어+술어	N+A, N+A
老师你很好	독립어+주어+술어	很+A
今天衣服不错	부사어+주어+술어	A
今天发型不错	부사어+주어+술어	A
没有您不知道的	술어+주어+술어	没有+N+不知道+的
你做事心细	주어+술어(주어+술어)	A
你品德不错	주어+술어(주어+술어)	A
你做事果断	주어+술어(주어+술어)	A
你学习很努力 认真	주어+부사어+술어+술어	很+A1+A2
每天都这么精神焕发的, 这么自信, 应该是每个成功男人的魅力所在吧	부사어+술어, 부사어+술어, 부사어+是+목적어	这么+A, 这么+A, 应该是+N的+魅力所在
你真的是个公平的人	주어+부사어+是+목적어	真的+是+个+N
你真的是可亲的人	주어+是+목적어	真的+是+N
师姐就是师姐	주어+부사어+술어+목적어	N+就是+N
做了好榜样	술어+목적어	V+好+N

跟您学到很多	부사어+술어+보어	跟您+V+很+A
太崇拜你了	부사어+술어+목적어	太+V+N+了
很乖 很听话	부사어+술어, 부사어+술어+목적어	很+A, 很+V+N
师兄, 很会做事情	독립어+부사어+술어+목적어	很+会+V
我好佩服你	주어+부사어+술어+목적어	好+A+N
你太有才了	주어+부사어+술어+목적어	太+有+N+了
你的衣服好有魅力	주어+부사어+술어+목적어	好+有+N
你这么听话, 你家长肯定特放心你吧?	부사어(주어+부사어+술어)+주어+부사어+술어+목적어	肯定+V+N吧?
姐姐最爱你	주어+부사어+술어+목적어	最+V+N
听说你很擅长XX	부사+주어+부사어+술어+목적어	听说+你+很+V+N
你总是用耐心教导人	주어+부사+술어+술어+목적어	总是+V+N
你的慈爱是人世间最美的	주어+술어+목적어	是+最+A+的
老师最近身体 好像很好的样子	주어+부사어+술어+목적어	好像+N
有气质	有+목적어	有+N
你学习真有效率	주어+부사어+有+목적어	真+有+N
这件衣服真不错, 你真有眼光	주어+부사어+술어, 주어+부사어+有+목적어	真+A, 真+有+N
很有个性	很+有+목적어	很+有+N
很有风度	很+有+목적어	很+有-N
你真的很有气质啊	주어+부사어+很+有+목적어	真的+很+有+N+啊
你很有性格	주어+很+有+목적어	很+有+N
在XX方面你很有潜力	부사어+주어+很+有+목적어	很+有+N

박애양

중국 남개대학 중문과 박사, 남서울대, 고신대, 한국관광대, 한국방송통신대 등에서 중국어를 가르치다가 한국어 교육의 필요성을 인식하고 경희대 대학원에서 한국어 교육을 공부했다.

현재 중국 산동대학교 외국어대학 한국어과 외국인 교수로 근무하고 있으며 중한번역 화용론, 한중언어와 문화 대조 등 분야에 관심을 갖고 연구하고 있다.

주요 논문으로 「담화표지 "那"의 특징 연구」, 「"不是"의 화용적 특징 연구」, 「한·중 칭찬화행의 문화 대조 분석」, 「중국어 칭찬화행 연구 고찰」, 「중국 대학에서의 한국어 번역 인재 양성 방안 연구」, 「중국인 한국어 학습자의 토론능력 향상을 위한 말하기 교육방안−토론담화표지를 활용하여」, 「중국 언어문화 교수 항목 선정에 대한 소고 −문화변용의 관점에서」 등등 다수가 있다.

한·중 화행표현
대조연구

− 칭찬어를 중심으로 −

초판인쇄 2018년 4월 16일
초판발행 2018년 4월 16일

지은이 박애양
펴낸이 채종준
펴낸곳 한국학술정보㈜
주소 경기도 파주시 회동길 230(문발동)
전화 031) 908-3181(대표)
팩스 031) 908-3189
홈페이지 http://ebook.kstudy.com
전자우편 출판사업부 publish@kstudy.com
등록 제일산-115호.(2000. 6. 19)

ISBN 978-89-268-8412-6 93720